Inhalt

Zeichenerklärung

★★★ nicht verpassen
★★ besonders sehenswert
★ wichtig für speziell interessierte Besucher

[A1] Planquadrat im Kartenmaterial. Orte ohne diese Angabe liegen außerhalb unserer Karten. Ihre Lage kann aber wie die von allen Ortsmarken mithilfe der begleitenden Web-App angezeigt werden (s. S. 142).

◁ Der Neptunbrunnen prägt Danzigs Langen Markt 7 (061dz Abb.: fotolia.com © Patryk Kosmider)

Martin Brand, Anna Brixa

CITY|TRIP DANZIG

Nicht verpassen!

Karte S. 5

7 **Langer Markt (Długi Targ) [D5]**
Allerhand Trubel vor historischer Kulisse: Der Lange Markt mit seinem berühmten Neptunbrunnen ist das pulsierende Zentrum Danzigs (s. S. 20).

12 **Frauengasse (Ulica Mariacka) [E5]**
Hier schlägt das Herz des alten Danzig: In der wohl schönsten Gasse der Stadt kann man fantasievolle Beischläge bestaunen, Bernsteinandenken erstehen und die Gedanken schweifen lassen (s. S. 23).

13 **Krantor (Żuraw) [E4]**
Das wuchtigste Wahrzeichen der Stadt! Der größte mittelalterliche Hafenkran der Welt ist von innen wie außen sehenswert – und heute Teil des beliebten Zentralen Meeresmuseums (s. S. 24).

16 **Marienkirche (Kościół Mariacki) [D4]**
Der erhabene Backsteinkoloss ragt nicht nur seit Jahrhunderten in die Danziger Skyline, sondern beherbergt auch eine Vielzahl an wertvollen Kunstschätzen sowie spannende Geschichte(n). Unvergleichlich: der Blick vom Turm auf die Stadt (s. S. 27).

23 **Museum des Zweiten Weltkriegs (Muzeum II Wojny Światowej) [E2]**
In Danzig hat seit 2017 eine der größten Geschichtsausstellungen der Welt ihre Tore geöffnet. Sie bietet eine beeindruckende Sicht auf den Zweiten Weltkrieg und seine Folgen (s. S. 32).

29 **Europäisches Zentrum der Solidarność (Europejskie Centrum Solidarności) [C1]**
Hier wird voller Pathos die Geschichte vom Sturz des Kommunismus in Polen erzählt – der natürlich in Danzig seinen Anfang nahm. Wie ein massiger rostroter Frachter ruht das Museum am Eingang zum Werftgelände (s. S. 39).

39 **Westerplatte [df]**
Am 1. September 1939 begann hier der Zweite Weltkrieg: Ein Muss ist die Bootsfahrt durch die Hafenkulissen zur berühmten Halbinsel und dem Denkmal ihrer Verteidigung (s. S. 53).

46 **Mole von Zoppot (Molo w Sopocie) [S. 58]**
„Under the Boardwalk“ – dieser Titel lässt sich auf dem mehr als 500 Meter langen Seesteg gleich mehrfach singen. Frische Meeresluft, meterlange Sonnenbänke und im Sommer sogar Open-Air-Kino. Ein Traum in Weiß (s. S. 60)!

Leichte Orientierung mit dem cleveren Nummernsystem

Die Sehenswürdigkeiten sind im Text und im Kartenmaterial mit derselben **magentafarbenen ovalen Nummer** 1 markiert. Alle anderen Lokalitäten wie Geschäfte, Restaurants usw. tragen ein **Symbol und eine fortlaufende rote Nummer** (1). Die Liste aller Orte befindet sich auf Seite 139, die Zeichenerklärung auf Seite 142.

Danzig auf einen Blick

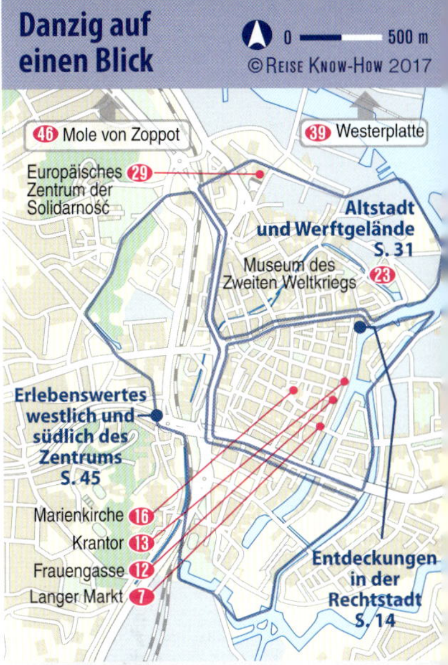

Abkürzungen

- al. für *aleja* (Allee)
- pl. für *plac* (Platz)
- SKM für die S-Bahn von Danzig
- św. für *święty* (Sankt)
- ul. für *ulica* (Straße)

Besonderheiten bei den Adressangaben

- **ulica Rajska 5/7:** Rajska-Str. 5 und 7, zwei Häuser, die nebeneinander stehen
- **ulica Rajska 3–5:** Rajska-Str. 3 bis 5

Telefonvorwahlen

- **Aus dem Ausland nach Polen:** 0048
- **Von Polen nach Deutschland:** 0049
- **Von Polen nach Österreich:** 0043
- **Von Polen in die Schweiz:** 0041
- In Polen gibt es seit einigen Jahren keine Ortsvorwahlen mehr. Alle **Danziger Festnetznummern** beginnen jetzt immer **mit der 58 – ohne 0.** Aus Polen wählt man die Nummer so, wie sie in diesem Reiseführer angegeben ist. Wer aus dem Ausland anruft, wählt davor lediglich die 0048.

Seit einigen Jahren kommt Danzig spürbar in Bewegung. Die letzten Ruinen aus Kriegszeiten verschwinden aus dem Stadtbild und für die immer zahlreicher in die Stadt strömenden Besucher werden ständig neue Cafés, Restaurants und Hotels eröffnet. Besonders ehrgeizig sind Danzigs Ambitionen im Kulturbereich.

Shakespeare-Theater

Für manche Danziger ist der moderne Bau ein unpassender schwarzer Klotz. Doch ein einzigartiges Dach zum Aufklappen, das Shakespeare-Festival und internationale Gastspiele machen das Theater zu einer neuen Attraktion (s. S. 31).

Museum des Zweiten Weltkriegs

In- und ausländische Medien haben bereits ausführlich über das neue Museum berichtet – vor allem über den Streit um die Ausstellung, den die polnische Regierung vom Zaun brach (s. S. 32 bzw. S. 106).

Rzecz Jasna

Die arg vernachlässigte Niederstadt hat tatsächlich ihre erste Kneipe! Im lauschigen Innenhof einer alten Gewehrfabrik gelegen, zieht das Rzecz Jasna mit hippen Klängen, großer Bierauswahl und seinem königlichen Brunch ein alternatives Publikum an (s. S. 79).

Zbrojownia Caffé

Das Herz des Zeughauses schlägt höher – durch das neue Künstler-Café Zbrojownia in seinen Wänden. Tagsüber gibt es Kaffee und kleine Snacks, abends große Party zwischen den Designstücken der benachbarten Kunstakademie (s. S. 77).

002dz Abb.: ab

DANZIG ENTDECKEN

Danzig für Citybummler

Danzigs historisches Zentrum lässt sich unkompliziert zu Fuß erschließen. Man folgt einfach dem stetig fließenden Menschenstrom, weicht in eine der kleinen Gassen aus oder lässt sich von der eigenen Neugier leiten. Wer jedoch wenig Zeit hat, dem sei der rund vierstündige Stadtspaziergang auf S. 12 empfohlen.

Viele der bedeutenden Sehenswürdigkeiten Danzigs befinden sich im **Stadtzentrum.** In **Recht- und Altstadt** schlägt das Herz der Ostseemetropole: Zahllose **Cafés, Restaurants und Kneipen** reihen sich aneinander, etliche **Hotels** erfreuen sich einer sehr zentralen Lage und eine Unmenge **kleiner Läden** bietet Souvenirs und hochwertigen Bernsteinschmuck feil (vor allem in der Frauengasse 12).

Auf **öffentliche Verkehrsmittel** ist man daher im Zentrum nicht angewiesen. Es gibt sie auch kaum: Nur die Buslinie 100 fährt durch die Innenstadt (s. S. 43). Diese lässt sich alternativ auch mit den „Meleks" genannten Elektrofahrzeugen erkunden (s. S. 122).

Danzigs zwei bedeutendste Museen befinden sich ein paar Minuten Fußweg außerhalb der Innenstadt: das **Europäische Zentrum der Solidarność** 29 und das **Museum des Zweiten Weltkriegs** 23.

Wer das **weniger touristische Danzig** in Augenschein nehmen möchte, dem sei ein Spaziergang in die langsam aufblühende **Niederstadt** (z. B. zum **Nationalmuseum** 34) oder auf den **Hagelsberg** 33 bzw. zum **Friedhof der nicht existierenden Friedhöfe** 32 hinter dem Hauptbahnhof empfohlen.

Das **Alltagsleben** der Danziger wird man in der Innenstadt kaum kennenlernen. Dafür muss man sich in die ehemaligen **Vororte** der Stadt begeben – z. B. auf einen Ausflug zum **Dom zu Oliva** 43, auf den Spuren von Günter Grass (siehe 35) in **Langfuhr (Wrzeszcz)** oder an die Strände von **Brösen (Brzeźno)** und **Glettkau (Jelitkowo).** Mit Straßenbahn und S-Bahn (SKM) sind diese gut zu erreichen.

Und wer **shoppen** möchte wie Einheimische, besucht am besten die seit Jahren boomenden großen Einkaufsgalerien (s. S. 85), in denen man unzählige polnische und internationale Markengeschäfte findet.

Vorseite: Böse Miene zum guten Spiel – Straßenkünstler auf der Langgasse (Ulica Długa) 4

066dz Abb.: ab

Im Herzen der Danziger Rechtstadt: Blick auf die Langgasse 4

007dz Abb.: mb

Danzig an einem langen Wochenende

1. Tag

Am ersten Tag in Danzig (polnisch: Gdańsk) heißt es, das **historische Stadtzentrum von Recht- und Altstadt** mit seinen vielen Sehenswürdigkeiten zu besichtigen. Hierfür bietet sich der auf S. 12 beschriebene **Stadtspaziergang** an. Er führt zunächst auf der Langgasse (Ulica Długa) 4 entlang an die Mottlau, über die malerische Frauengasse (Ulica Mariacka) 12 zur Marienkirche 16 und schließlich zu den vielen sehenswerten Orten der Altstadt.

Wer nach dem Spaziergang noch Energie und Zeit hat, dem sei das **Erklimmen des Hagelsbergs** 33 empfohlen. Die ehemalige Festungsanlage hoch über der Stadt ist schon von Weitem an ihrem **rostroten Millenniumskreuz** zu erkennen. Von dort hat man einen einmaligen Blick über die Innenstadt und die Danziger Werft 31.

Zum **Abendessen** sollte man unbedingt **frischen Fisch** in einem der **Lokale an der Uferpromenade** [E4/5] probieren, zum Beispiel im Restauracja Targ Rybny (s. S. 74). Man kann aber auch auf die gegenüberliegenden Insel **Bleihof (Ołowianka)** [E4] spazieren und im Hotel Królewski (s. S. 126) mit herrlicher Sicht auf die Silhouette Danzigs speisen.

Danach gilt es, das **Danziger Nachtleben** zu entdecken. In den Gassen der Rechtstadt finden sich viele Kneipen und Klubs – vor allem in der **Frauen-** 12, der **Brotbänken-** 11 und der **Jopengasse** 18. Besonders gemütlich ist es im urigen Café Józef K. (s. S. 79). Zum Feiern geht man in den bei jungen Leuten sehr beliebten **Flisak'76** (s. S. 80) oder in den **Klub Muzyczny Parlament** (s. S. 80), die wohl bekannteste Tanzlocation der Stadt.

Die Uferpromenade an der Mottlau ist Danzigs Flaniermeile

2. Tag

Danzigs historische Innenstadt ist wunderschön, aber auch einen Besuch des **Doms zu Oliva** 43, des **Seebads Zoppot** (s. S. 57) und einen Ausflug zu den weiten **Stränden der Danziger Bucht** (s. S. 93) sollte man sich nicht entgehen lassen.

Mit der S-Bahn SKM (s. S. 128) gelangt man vom Danziger Hauptbahnhof (Gdańsk Główny, s. S. 108) aus in einer Viertelstunde in den **Ortsteil Oliva (Oliwa),** der noch bis in die 1920er-Jahre eigene Stadtrechte besaß, sich dann aber aus Finanznot der Stadt Danzig anschloss. Im dortigen **Schlosspark** 42 und im **Dom zu**

Das gibt es nur in Danzig

- ***Bernsteinaltar:*** *Danzig gilt als Hauptstadt des Bernsteins. Über 2000 Unternehmen in der Region leben von der Verarbeitung des Ostseegoldes. Seit mittlerweile über zehn Jahren arbeiten die besten Bernsteinjuweliere der Stadt an einem riesigen Altar aus dem begehrten fossilen Harz. Elf Meter hoch und zwölf Meter breit soll der Bernsteinaltar in der Brigittenkirche* 25 *einmal werden – und damit sogar das legendäre Bernsteinzimmer übertreffen. Erste Ergebnisse sind bereits in der Kirche zu bestaunen.*
- ***Längster hölzerner Seesteg der Welt:*** *Über 500 Meter ragt die Mole von Zoppot* 46 *in die Danziger Bucht. Sie ist im mondänen Kurort in der Danziger Bucht die Touristenattraktion schlechthin, auf der es sich zu jeder Jahreszeit prächtig flanieren lässt. Im Sommer ist an der Spitze der Mole sogar ein Restaurant für Gäste geöffnet.*
- ***Beischläge:*** *Die Terrassen vor Danzigs Bürgerhäusern (s. S. 23) sind so etwas wie das heimliche Wahrzeichen der Stadt. Zwar wurden sie im 19. Jahrhundert oft zum Opfer der Verkehrsplaner, aber in kaum einer anderen Ostseestadt sind so viele Beischläge erhalten geblieben wie in Danzig. Besonders schöne Vorbauten finden sich in der Frauengasse* 12 *(siehe Bild unten).*
- ***Plagiat eines Hauses:*** *In der Danziger Brotbänkengasse (Ulica Chlebnicka)* 11 *befindet sich ein Plagiat von außergewöhnlicher Dimension. Beim Wiederaufbau der Danziger Innenstadt nach dem Zweiten Weltkrieg wurde hier die Kopie eines Kaufmannshauses von der Berliner Pfaueninsel aufgebaut. Allerdings war das sogenannte Englische Haus eineinhalb Jahrhunderte zuvor in Danzig abgebaut und in die preußische Hauptstadt verfrachtet worden, weshalb diese Kopie einer Kopie durchaus ihre Berechtigung hat.*

110dz Abb.: fo © stepmar

Oliva 43 schwelgen Besucher in einer Atmosphäre längst vergangener Tage. Einen besonderen Augen- und Ohrenschmaus bietet die tägliche Vorführung der **imposanten Orgel** – ein Erlebnis, das man nicht verpassen sollte!

Fährt man drei weitere Stationen mit der Stadtbahn, so erreicht man den beliebten **Kur- und Erholungsort Zoppot.** Vom Bahnhof folgt man der Bahnlinie nur wenige Schritte bis zur **Monte Cassino** 44, Zoppots Flanier- und Partymeile mit unzähligen Geschäften, Cafés, Restaurants und Klubs. Zoppots Hauptattraktion aber liegt am Meer: die **Mole von Zoppot** 46. Ein Spaziergang über die strahlend weißen Planken des 500 Meter in die Ostsee ragenden hölzernen Seestegs wird zu einer unvergesslichen Urlaubserinnerung.

Einmal am Meer, bietet sich gleich ein ausgedehnter **Spaziergang am Strand** an. Etwa 20 Minuten sind es von der Mole aus in Richtung Norden, bis man zu einer kleinen, gemütlichen **Fischerhütte** (s. S. 61) gelangt, wo man sich stärken kann. Etwas länger dauert die Wanderung in Richtung Danzig: Man läuft am Strand entlang bis **Glettkau (Jelitkowo,** Strandausgang Nr. 72); von hier aus kann man mit der Straßenbahn zurück nach Danzig fahren.

Wer lieber in Zoppot bleiben möchte, um das **quirlige Nachtleben** der Stadt zu erleben, kann sich die Zwischenzeit im ausgefallenen Kultcafé Blauer Pudel (Błękitny Pudel, s. S. 82) vertreiben. Aber Achtung: Kurz vor ein Uhr nachts fährt die letzte Bahn zurück nach Danzig. Über die Abfahrtszeiten der spärlich verkehrenden Nachtzüge sollte man sich vorher genau informieren.

3. Tag

Am dritten Tag ist Zeit für die beiden großen **Geschichtsmuseen** Danzigs (sofern nicht bereits am ersten Tag erfolgt) oder für eine Schiffsfahrt durch den Hafen (und vielleicht sogar durch die Danziger Bucht).

Wer sich für europäische Geschichte interessiert, kommt eigentlich gar nicht um einen Besuch des **Museums des Zweiten Weltkriegs** 23 und/oder des **Zentrums der Solidarność** 29 herum. Beide Ausstellungen sind in den letzten Jahren entstanden und sichern Danzig einen festen Platz in der Museumslandschaft Europas. Sie erzählen von den beiden großen Ereignissen des 20. Jh., die in Danzig ihren Anfang nahmen: dem Zweiten Weltkrieg und dem Untergang des „real existierenden Sozialismus".

Bei schönem Wetter lässt sich die Tour durch Danzigs Weltgeschichte auch im Freien erleben: auf einer **Schiffsfahrt** (s. S. 129) über die Mottlau und die Tote Weichsel **zur Westerplatte** 39 (Dauer: ca. 1½ Std. ohne Ausstieg auf der Westerplatte) – oder weiter über die Danziger Bucht **bis zur Halbinsel Hela** (Hel, siehe unten). Von der Uferpromenade in der Rechtstadt schippert man durch den Danziger Hafen und erblickt aus ungewöhnlicher Perspektive die riesigen Kräne der geschichtsträchtigen **Danziger Werft** 31. An der Mündung der Toten Weichsel in die Danziger Bucht erhebt sich auf der Westerplatte ein kolossales Denkmal. Mit dem Beschuss eines polnischen Munitionslagers begann dort am 1.9.1939 der Zweite Weltkrieg.

Auch ein **Tagesausflug per Schiff auf die Halbinsel Hela** mit ihren feinen weißen Stränden, malerischen Dünen und alten Fischerkaten ist empfehlenswert (s. S. 62).

Stadtspaziergang

Wer Danzig von seiner schönsten Seite kennenlernen möchte, dem sei dieser etwa vierstündige Spaziergang ans Herz gelegt. Er führt durch die eindrucksvolle historische Rechtstadt zur Uferpromenade an der Mottlau und zu den bedeutenden Sehenswürdigkeiten der Altstadt.

Ausgangspunkt ist das **Hohe Tor** 1, durch das bis Ende des 18. Jahrhunderts die polnischen Könige bei ihren Besuchen in die Stadt einzogen. Bei Bedarf erhält man in der dortigen **Touristeninformation** (bekannt als Pommersches Informationszentrum, s. S. 114) nützliche Auskünfte für den Aufenthalt in Danzig. Vorbei am imposanten **Backsteinensemble von Stockturm und Peinkammer** 2, das einstmals ein gefürchtetes Gefängnis war und heute das **Bernsteinmuseum** beherbergt, gelangt man durch das **Langgasser Tor** 3 ins historische Stadtzentrum.

Entlang der **Langgasse (Ulica Długa)** 4, der pulsierenden Flaniermeile Danzigs, reihen sich Dutzende **schmale Bürgerhäuser** – oft mit farbenfroher und reich verzierter Fassade. Ein herausragendes Beispiel dieser Danziger Wahrzeichen, das **Uphagenhaus** 5, lässt sich von innen besichtigen. Am Ende der Langgasse ragt linker Hand das **Rechtstädtische Rathaus** 6 in die Höhe. Wo früher stolze Ratsherren die Angelegenheiten ihrer Stadt regelten, befindet sich heute der Hauptsitz des Historischen Museums. Besonders sehenswert ist der repräsentative Rote Saal.

Die Langgasse mündet in den **Langen Markt (Długi Targ)** 7, das **Herz der Rechtstadt.** In seiner Mitte steht der viel fotografierte **Neptunbrunnen** und ringsherum herrscht großer Trubel. Um den Markt stehen dicht an dicht die prächtigsten Bürgerhäuser der Stadt. Unter ihnen sticht auf der Nordseite der **Artushof** 8 hervor, dessen skurril ausgeschmückte Halle seit Jahrhunderten Schauplatz repräsentativer Feierlichkeiten der städtischen Oberschicht ist und der sich besichtigen lässt. Den Abschluss des Langen Marktes bildet das **Grüne Tor** 9, durch das man an das Ufer der Mottlau gelangt.

Wendet man sich nach links und schlendert die **Uferpromenade an der Mottlau** [E4/5] entlang, spürt man das maritime Flair Danzigs. Am gegenüberliegenden Flussufer erblickt man die **Speicher auf dem Bleihof** (s. S. 67), das **Museumsschiff „Sołdek"** 15 und den **ziegelroten Bau der Baltischen Philharmonie** (s. S. 84). Höhepunkt des Spaziergangs an der Uferpromenade ist das riesige, aus dunklem Holz errichtete **Krantor** 13. Es diente einst zum Entladen der in Danzig einlaufenden Schiffe. Für Technikbegeisterte ist eine Besichtigung des überdimensionalen Antriebsrades ein Muss!

Durch das hoffentlich geöffnete Krantor gelangt man links auf eine schmale Straße (Ulica Bosmańska), die direkt zur **Frauengasse (Ulica Mariacka)** 12 führt. Ist das Krantor geschlossen, läuft man einfach ein paar Meter weiter und betritt die Frauengasse durch das Frauentor (Brama Mariacka). In dieser malerischen Straße weht der **Geist vergangener Jahrhunderte.** Auf den Beischlägen (s. S. 23) und in den kleinen Geschäften auf der Frauengasse gibt es eine schier unendliche Auswahl an Bernsteinschmuck zu kaufen. Am Ende dieser wohl schönsten Straße Danzigs erhebt sich die **Marienkirche** 16, eines der mächtigsten

Gotteshäuser Europas. Eine Besichtigung der geschichtsträchtigen Kirche gehört zum Pflichtprogramm eines Danzig-Besuchs. Wer noch genug Schwung in den Beinen hat, steigt die 402 Stufen in den **Kirchturm** hinauf – von hier eröffnet sich ein **herrlicher Ausblick über ganz Danzig.**

Verlässt man die Marienkirche, so gelangt man auf die **Jopengasse (Ulica Piwna)** ⑱. Zeit für ein **Mittagessen,** zum Beispiel im Bistro **Kos** (s. S. 72), wo es polnische Gerichte in großen Portionen zu recht günstigen Preisen gibt. Nach der Stärkung geht es nach rechts über die Ulica Tkacka und die Ulica Węglarska [D4] in die Danziger Altstadt. Auf dem Weg dorthin lohnt ein Besuch der **Nikolaikirche** ⑳, die zu den ältesten und schönsten Gotteshäusern der Ostseemetropole gehört. Sie steht rechter Hand an der Kreuzung zur Ulica Świętojańska.

Weiter geradeaus geht es vorbei an der **Markthalle** ㉑ auf der rechten und der **Großen Mühle** ㉗ auf der linken Straßenseite. Nun führt der Spaziergang zum **Altstädtischen Rathaus** ㉘, das sich unmittelbar links hinter der Großen Mühle in einer kleinen Parkanlage befindet. Dort sollte man unbedingt einen Blick in die wunderschön eingerichtete erste Etage des einstigen Verwaltungssitzes der Altstadt werfen.

Am **Denkmal für den Danziger Astronomen Johannes Hevelius** (s. S. 37) vorbei, geht es zurück bis kurz vor die Markthalle. Über die Ulica Podwale Staromiejskie [D3] in Richtung Osten und nach gut 300 Metern links über die Ulica Tartaczna gelangt man zu dem **alten Backsteingemäuer,** um das die Verteidiger der **Polnischen Post** ㉔ in den ersten Tagen des Zweiten Weltkriegs kämpften. Vom Museum in der Polnischen Post sind es nur noch wenige Schritte über den Radaune-Kanal bis zum imposanten **Museum des Zweiten Weltkriegs** ㉓.

Nach so viel Geschichte sollte man sich mit einer Schleckerei aus der **kultigen Eisdiele Miś** (s. S. 78) in der südlich des Museums gelegenen Ulica Sukiennicza wieder zurück in die Gegenwart begeben. Mit einer Waffel Eis in der Hand schlendert es sich entspannt immer weiter geradeaus bis zur Uferpromenade (Rybackie Pobrzeże und Długie Pobrzeże) [E4/5] und, rechts abbiegend, bis in die Rechtstadt zurück.

Rechts durch das **Heilig-Geist-Tor** (Brama Świętego Ducha) [E4], das gleich hinter dem Krantor ⑬ steht, gelangt man auf die **Heilig-Geist-Gasse (Ulica św. Ducha)** ⑰, wo vor über 300 Jahren der Philosoph Arthur Schopenhauer geboren wurde. Zum Abschluss des Rundgangs setzt man sich am besten in das **gemütliche Café W starym kadrze** (s. S. 76) in der rechter Hand gelegenen kleinen Fußgängerzone.

Routenverlauf im Stadtplan

Der hier beschriebene Spaziergang ist mit einer farbigen Linie im Stadtplan eingezeichnet.

Das majestätische Grüne Tor ⑨ *trennt den Langen Markt* ⑦ *von der Uferpromenade an der Mottlau*

070dz Abb.: mb

Entdeckungen in der Rechtstadt

In der Rechtstadt (Główne Miasto) reihen sich die historischen Sehenswürdigkeiten Danzigs dicht an dicht. Sie ist das Herz der Stadt mit unzähligen Restaurants, Cafés, Kneipen und Hotels. Alte Bürgerhäuser, gewaltige Backsteinbauten, beschauliche Gassen und eine belebte Uferpromenade an der Mottlau verwandeln die Rechtstadt in ein malerisches Kleinod.

An jeder Ecke der alten Gemäuer meint man, das **Flair jahrhundertealter Geschichte** zu verspüren. Doch **der Schein trügt:** Im Zweiten Weltkrieg ist die Rechtstadt fast vollständig zerstört worden. Mühevoll baute man sie in den folgenden Jahrzehnten peu à peu wieder auf.

Ihren Namen verdankt die Rechtstadt übrigens der **Verleihung des Lübischen Stadtrechts** im Jahre 1224, das den Kaufleuten die Selbstverwaltung ihrer Stadt zusicherte. So wurde die Rechtstadt zum historischen Kern Danzigs – und nicht etwa die Altstadt, die erst eineinhalb Jahrhunderte später Stadtrecht erhielt.

1 Hohes Tor (Brama Wyżynna) ★ [C4]

Der **Weg in das historische Zentrum Danzigs** führt durch das Hohe Tor. Dort gibt es eine **Touristeninformation** (Pommersches Informationszentrum, s. S. 114). Wo sich Besuchern heute eine Glastür zur Stadt öffnet, schritten früher **polnische Könige** unter der Mahnung „Gerechtigkeit und Frömmigkeit sind die beiden Grundpfeiler des Staatswesens" hindurch – bis Danzig 1793 an Preußen fiel.

Vom Danziger Architekten Hans Kramer (vor 1550–1577) wurde das Hohe Tor in den 1570er-Jahren zunächst als schlichtes Backsteintor errichtet, bevor der flämische Bildhauer Willem van den Blocke (um 1550–1628) es wenige Jahre später im **Stil des Manierismus** reich verzierte.

Drei Symbole prägen das Portal zur Stadt: Links stützen **Einhörner** das Wappen des Königlichen Preußen, in der Mitte halten zwei **Engel** das polnische Wappen fest und rechts tragen **Löwen** das Stadtwappen Danzigs. Diese drei Wappen zeugen davon, wem sich die Danziger Bürger im Laufe ihrer Geschichte – mal stärker, mal schwächer – verbunden fühlten.

Auf **Gemälden** im Hauptgebäude des **Nationalmuseums** 34 kann man nachvollziehen, wie sehr sich das Hohe Tor noch im 19. Jahrhundert von seinem heutigen Erscheinungsbild unterschied. Hohe Befestigungswälle, die zur Verteidigung der Stadt dienten, waren neben dem Tor aufgeschüttet. Wo heute Straßenbahnschienen verlaufen, lag einst ein Wassergraben, der nur mit einer hölzernen Zugbrücke zu überwinden war.

› ul. Bogusławskiego 1

2 Stockturm und Peinkammer (Wieża Więzienna i Katownia) ★★ [C4]

Massiv thronen sie vor dem Eingang zur Danziger Rechtstadt: Stockturm und Peinkammer bilden ein eindrucksvolles rotes Backsteinensemble, das früher Teil der mittelalterlichen Befestigungsanlage war, später als Gefängnis und Folterkammer genutzt wurde und heute ein sehenswertes Bernsteinmuseum beherbergt. Durch das Geschrei eines kleinen Jungen hielt der Stockturm auch Einzug in die Weltliteratur.

Besichtigen lassen sich Stockturm und Peinkammer bei einem Besuch des **Bernsteinmuseums (Muzeum Bursztynu)**. Bis in den fünften Stock des spätgotischen Turms erzählt die Ausstellung von der **Geschichte des Ostseegoldes**, vom mittelalterlichen Handwerk der Bernsteinverarbeitung und den Heilkräften des fossilen Harzes. Gezeigt werden faszinierende Bernsteinfunde mit eingeschlossenen Pflanzen und Insekten, kunstvoll verarbeitete Schatullen, Gefäße und Skulpturen sowie zeitgenössischer Schmuck aus den renommierten Bernsteinateliers der Stadt. Vom Aussichtspunkt im Obergeschoss des Stockturms eröffnet sich ein herrlicher Blick auf das historische Danzig.

Eine weitere Ausstellung veranschaulicht die Historie des Gebäudeensembles und schildert die grausamen Foltermethoden und Haftbedingungen. Als **Teil der mittelalterlichen Befestigungsanlage** wurde 1346 mit dem Bau des Stockturms begonnen. Mit wachsendem Bedarf wurde er aufgestockt und um Kerker, Peinkammer und Wirtschaftsräume erweitert.

Nachdem Stockturm und Peinkammer Ende des 16. Jahrhunderts ihre Verteidigungsaufgabe verloren hatten, wurden sie als Gerichtssaal, Gefängnis und Folterkammer genutzt. Der Name „Peinkammer" geht zurück auf die „peinlichen Befragungen", die Gefangene dort über sich ergehen lassen mussten. In der Peinkammer gab es auch eine **„Trauerstube"**, in der zum Tode Verurteilte ihre drei letzten Lebenstage verbrachten. Ihre Henker verrichteten an der Wand zum Kohlenmarkt (Targ Węglowy) [C4] vor aller Öffentlichkeit ihr Werk; nicht selten aber endeten bereits die Verhöre tödlich.

Der Stockturm ist auch **Schauplatz** einer eindrucksvollen Szene aus dem Roman **„Die Blechtrommel" von Günter Grass:** Unter dem Dach des Stockturms sitzend, entglast der kleine Oskar Matzerath mit seinem nahezu lautlosen Geschrei in einer knappen Viertelstunde sämtliche Fenster und Türen des gegenüberliegenden Stadttheaters.

Einst Gefängnis und Folterkammer, heute Sitz des Bernsteinmuseums: der Stockturm

› **Bernsteinmuseum (Muzeum Bursztynu),** Targ Węglowy 26, www.mhmg.pl, geöffnet: Mitte Juni–Mitte Sept. Mo. 9–13, Di.–Do. 9–16, Fr./Sa. 10–18, So. 10–16 Uhr; Mitte Sept.–Mitte Juni: Di. 10–13, Mi., Fr./Sa. 10–16, Do. 10–18, So. 11–16 Uhr, Eintritt: 12 Złoty (erm. 6 Złoty), Mo. (Saison) bzw. Di. (außerhalb der Saison) Eintritt frei

› **Aussichtspunkt,** geöffnet: Mitte Juni–Ende Sept. während der Öffnungszeiten des Museums, Eintritt: 5 Złoty

3 Langgasser Tor (Złota Brama) ★ [C4]

Das Langgasser Tor (auch Goldenes Tor, auf Polnisch Złota Brama) markiert den **Beginn von Danzigs wohl prachtvollster Fußgängerzone:** der Langgasse 4. Es wurde zwischen 1612 und 1614 nach einem Entwurf von Abraham van den Blocke – der an so vielen repräsentativen Gebäuden Danzigs seine Handschrift hinterließ – im Stil des **niederländischen Manierismus** errichtet.

Auf dem Tor appellieren **allegorische Figuren** an die Tugenden der Danziger: Frieden, Freiheit, Reichtum, Gerechtigkeit, Eintracht, Ruhm und Umsicht. Im Zweiten Weltkrieg wurde das Langgasser Tor stark beschädigt und erst 1957 wieder instand gesetzt. Seit einigen Jahren ziert auch wieder ein Zitat auf Deutsch aus dem Psalm 122 das Fries über dem Eingangsbogen: „Es müsse wohlgehen denen, die dich lieben! Es müsse Friede sein inwendig in deinen Mauern und Glück in deinen Palästen!“

Im **Durchgang des Langgasser Tors** erinnern **zwei Fotografien** an die düstersten Stunden der stolzen Ostseestadt, die im März 1945 niederbrannte. Etwa 90 Prozent der Innenstadt lagen am Ende des Zweiten Weltkriegs in Schutt und Asche. Beim Anblick dieser Bilder wird Besuchern schnell bewusst, dass das, was sich heute als historisches Stadtzentrum präsentiert, in Wirklichkeit zum großen Teil in den Nachkriegsjahren **nach historischem Vorbild** aufgebaut und **rekonstruiert** worden ist.

4 Langgasse (Ulica Długa) ★★★ [D5]

Sie ist das Aushängeschild Danzigs, prachtvolle Flaniermeile und erster Anlaufpunkt eines jeden Besuchs in der Stadt: die Langgasse (Ulica Długa). Bis ins 19. Jahrhundert wohnten reiche Kaufleute und bedeutende Amtsträger in den imponierenden Häusern mit ihren aufwendig verzierten Fassaden. Nach den Zerstörungen im Zweiten Weltkrieg in vereinfachter Form, oft mit frei erfundenen Ornamenten an den Stirnseiten, wieder aufgebaut, verleihen sie der Rechtstadt bis heute den Glanz alter Zeiten.

Leicht gekrümmt erstreckt sich die Langgasse vom Langgasser Tor 3 bis zum Rechtstädtischen Rathaus 6, wo sie in den Langen Markt 7 mündet. Auch wenn man sich auf der Langgasse einige Jahrhunderte in der Zeit zurückversetzt fühlt, hat sich ihr Aussehen in den letzten zweihundert Jahren – nicht nur durch die fast vollständige Zerstörung im März 1945 – stark verändert.

Zunächst verschwanden bis 1873 die **Beischläge vor den Bürgerhäusern** (s. S. 23), um die Straße für den Verkehr zu verbreitern und Platz

Danzig für Frühaufsteher: die noch unbelebte Langgasse am Morgen

0333dz Abb.: mb

für Trottoire zu schaffen. Von 1896 bis 1959 fuhr sogar eine Straßenbahn durchs Zentrum der Rechtstadt, bis die Langgasse nach und nach zur Fußgängerzone wurde. Seit dem 19. Jahrhundert öffneten hier auch immer mehr **Geschäfte und Lokale**, sodass die Einwohnerzahl im Herzen der Stadt beträchtlich sank.

Dicht an dicht reihen sich auf der Langgasse die schmalen, hohen und tiefen Bürgerhäuser, von denen ein jedes seine eigene bemerkenswerte Geschichte besitzt. Im **Ferberhaus** (Dom Ferberów, Nr. 28) residierte eine der einflussreichsten Familien der Stadt, die mehrere Bürgermeister, Ratsherren und Domherren stellte. An der Eingangstür des Hauses befanden sich einst geschnitzte Figuren von Adam und Eva. Der Legende nach besaßen sie einen teuflischen Einfluss, weshalb das Haus noch lange Jahre nach dem Tod des letzten Familienmitglieds der Ferber (1786) leer stand.

Im Nachbarhaus (Nr. 29) residierte Anfang des 17. Jahrhunderts **Bürgermeister Czirenberg**, der eine protzige Fassade errichten und zudem die Attika seines Hauses mit dem Spruch „Pro invidia" („Für den Neid") verzieren ließ.

Sehenswert sind neben dem **Uphagenhaus** (Dom Uphagena) ❺ auch das **Löwenschloss** (Lwi Zamek, Nr. 35) und das **Schumannhaus** (Dom Schumannów, Nr. 45), in dem sich eine Touristeninformation befindet.

In eine Zauberwelt der anderen Art können Groß und Klein beim **Zuckerbäcker Ciuciu** (Nr. 64, s. S. 89) eintauchen. Dort erhält man nicht nur handgefertigte Süßigkeiten in bunten Farben, man kann den Bonbonmachern auch bei ihrem Handwerk zugucken. Gleich gegenüber (Nr. 22) steht das **Postamt** mit seiner sehenswerten Schalterhalle.

Seltsames spielt sich von Zeit zu Zeit im Haus Nr. 50/51 ab: Dort zeigt das **„Theater im Fenster“** („Teatr w Oknie“) Stücke und Performances in und vor zwei kleinen Fenstern.

Sinnbild der gegenwärtigen Danziger Stadtentwicklung ist das Haus Nr. 57: Hinter der Fassade des einstigen **Programmkinos Neptun** ersetzt derzeit ein Großinvestor kulturelles Erbe durch einen profanen Hotelbau.

5 Uphagenhaus (Dom Uphagena) ★ [C5]

Das Uphagenhaus ist das **bedeutendste Patrizierhaus** auf der Langgasse 4 – und gewährt als Museum einen Einblick in die prunkvolle Lebensweise des Danziger Bürgertums im 18. Jahrhundert. Der Danziger Kaufmann, Privatgelehrte und spätere Ratsherr **Johann Uphagen** (1731–1802) erwarb 1775 die Parzelle auf der Langgasse 12 und ließ das bestehende Haus standesgemäß zu seinem Familiensitz umbauen. Wie in Danziger Bürgerhäusern üblich, wurde eine **repräsentative Diele** eingerichtet und im ersten Stock ein Saal für gesellschaftliche Feste mit Rokokomöbeln prachtvoll ausgestattet. Am Ende des Zweiten Weltkriegs wurde das Uphagenhaus weitgehend zerstört. Da zuvor jedoch die Möbel evakuiert, detaillierte Fotos und Zeichnungen angefertigt sowie Stuckabdrucke genommen worden waren, konnte das Haus **akribisch rekonstruiert** werden.

› ul. Długa 12, www.mhmg.pl, geöffnet: Mitte Juni–Mitte Sept. Mo. 9–13, Di.–Do. 9–16 Uhr, Fr./Sa. 10–18, So. 10–16 Uhr; Mitte Sept.–Mitte Juni: Di. 10–13, Mi., Fr./Sa. 10–16, Do. 10–18, So. 11–16 Uhr, Eintritt: 10 Złoty (erm. 5 Złoty), Mo. (Saison) bzw. Di. (außerhalb der Saison) Eintritt frei

KLEINE PAUSE

Süßes aus der Konditorei Sowa

Die Auswahl ist riesig, der Geschmack auch, die Preise dagegen sind bescheiden: **Torten und Kuchen von der Cukiernia Sowa** (Konditorei Sowa, s. S. 78) gehören wohl zu den besten der Stadt. Im Laden direkt auf der Langgasse 4 kann man die süßen Leckereien genießen und dabei entspannt das bunte Treiben auf Danzigs belebter Flaniermeile an sich vorbeiziehen lassen.

6 Rechtstädtisches Rathaus (Ratusz Głównego Miasta) ★★ [D5]

Im Mittelalter wachten im Rechtstädtischen Rathaus die Ratsherren über die Ordnung und Privilegien der Danziger Bürger. Schöffen sprachen in dem mächtigen Backsteingemäuer Recht. Über die nachfolgenden Jahrhunderte hinweg hatten verschiedene städtische Behörden ihren Sitz im Rechtstädtischen Rathaus, bis es im März 1945 von Granaten, Fliegerbomben und einer Feuersbrunst verwüstet wurde. Später bauten es die Bewohner Danzigs mühevoll wieder auf. Heute können Besucher wieder den prunkvollen Roten Saal sowie Ausstellungen besichtigen – und vom Rathausturm aus ihren Blick über die Dächer der Danziger Rechtstadt schweifen lassen.

Einem alten Rechnungsbuch ist zu entnehmen, dass am Rathaus bereits im 14. Jahrhundert gebaut wurde. Sein heutiges von Besuchern zu bestaunendes **Renaissance-Antlitz** erhielt der Backsteinbau an der Wende vom 16. zum 17. Jahrhundert, als auch die **repräsentative Diele** und die **prächtig ausgestalteten Säle** geschaffen wurden. **Unumstrittener Glanzpunkt** ist der Große Ratssaal, der wegen seiner mit scharlachrotem Stoff bespannten Wände auch **„Roter Saal“** genannt wird. Entlang dieser Wände stehen die gepolsterten Bänke der Ratsherren und Schöffen, die einst hier tagten. Gegenüber dem Eingang fällt sofort der prunkvolle, **farbig verzierte Sandsteinkamin** auf. Da er von Anbeginn zum Schmuck des Raumes diente, wurde er nie befeuert.

An der Decke erzählen **25 Gemälde** des Danziger Malers Izaak van den Blocke (um 1572–um 1626) vom bürgerlichen Leben in der Stadt. In goldenen Rahmen mahnten sie die Ratsherren beständig ihrer Pflichten. Da die Innenausstattung des Roten Saals während des Zweiten Weltkriegs in weiser Voraussicht ausgelagert wurde, sind viele der dort zu besichtigenden Kunstwerke **original erhalten** geblieben.

Das Rechtstädtische Rathaus wird auch für **Kunst- und Geschichtsausstellungen** genutzt, denn das Gebäude ist heute Teil des Historischen Museums Danzigs. Unter anderem ist eine ständige Ausstellung über die Geschichte der Freien Stadt Danzig 1920–1939 zu sehen.

Lohnenswert ist auch der Aufstieg auf den **45 Meter hohen Rathausturm**, von dem zu jeder vollen Stunde ein Glockenspiel erklingt. Wer die 102 Stufen zur Aussichtsgalerie erklimmt, dem eröffnet sich eine **grandiose Sicht** auf die Langgasse 4, den Langen Markt 7 und die Marienkirche 16.

Auf die Spitze des erhöhten Turmes setzten die Danziger eine **vergoldete Figur des polnischen Königs** Sigismund II. August (1520–1572). Sie war ein Zeichen der Dankbarkeit dafür, dass der König den vornehmlich protestantischen Danzigern die Ausübung ihrer Religion im katholischen Polen garantierte.

› **Museum Rechtstädtisches Rathaus,** ul. Długa 46/47, www.mhmg.pl, geöffnet: Mitte Juni–Mitte Sept. Mo. 9–13, Di.–Do. 9–16, Fr./Sa. 10–18, So. 10–16 Uhr; Mitte Sept.–Mitte Juni Di. 10–13, Mi., Fr./Sa. 10–16, Do. 10–18, So. 11–16 Uhr, Eintritt: 12 Złoty (erm. 6 Złoty), Mo. (Saison) bzw. Di. (außerhalb der Saison) Eintritt frei

› **Rathausturm,** geöffnet: Mitte Juni–Ende Sept. während der Öffnungszeiten des Museums, Eintritt: 5 Złoty

034dz Abb.: ab

▷ *Seit Jahrhunderten wacht das Rechtstädtische Rathaus über Danzigs Stadtzentrum*

035dz Abb.: ab

❼ Langer Markt (Długi Targ) ★★★ [D5]

Umringt vom Grünen Tor ❾, dem Artushof ❽ und anderen eindrucksvollen Danziger Bürgerhäusern und mit dem Neptunbrunnen als Wahrzeichen der Stadt in seiner Mitte, bildet der Lange Markt das glanzvolle Zentrum Danzigs. Gehandelt wird auf dem Langen Markt zwar schon lange nicht mehr, belebt ist er aber nach wie vor: Restaurants, Straßenmusiker und zahlreiche Touristen sorgen zumindest in den Sommermonaten für gehörigen Trubel.

Zum viel fotografierten Symbol Danzigs ist der 1633 auf dem Langen Markt enthüllte **Neptunbrunnen** geworden. Entworfen hat ihn seinerzeit der Architekt Abraham van den Blocke (1572–1628), der mit seiner Arbeit maßgeblich das Antlitz des Langen Marktes prägte. Neptun als der römische Gott des Meeres repräsentiert **Danzigs Verbundenheit mit der Ostsee.**

Ebenfalls von Abraham van den Blocke stammen der Artushof ❽ und das **Steffen'sche Haus** (Nr. 41), auch als Speymannhaus oder Goldenes Haus (Złota kamienica) bekannt. Das **mit echtem Blattgold verzierte** und mit Gesichtern, Figuren und Plastiken weiß verputze Patrizierhaus sticht selbst unter den vielen prächtigen Bürgerhäusern am Langen Markt deutlich hervor.

Am Giebelfenster des rechts neben dem Artushof gelegenen **Neuen Schöffenhauses** (Nowy Dom Ławy, Nr. 43) erscheint von Mai bis September drei Mal täglich (13, 15 und 17 Uhr) das **elegante Fräulein Hedwig** aus dem in Polen sehr bekannten Roman „Das Mädchen am Fenster“. Eingesperrt von ihrem Onkel, saß die in einen polnischen Seemann verliebte Danziger Kaufmannstochter am Fenster ihres prunkvollen Bürgerhau-

Am Langen Markt schlägt das Herz der Stadt

ses. Viele Besucher der Stadt halten bis heute Ausschau nach dem schönen Mädchen.

In den **Bürgerhäusern** auf der Südseite des Langen Marktes (Nr. 1–4) pflegten die polnischen Könige bei ihren Besuchen an der Mottlau zu nächtigen. Als die Häuser nach dem Zweiten Weltkrieg wieder aufgebaut wurden, restaurierte man die alten Fassaden – die dahinter liegenden Räumlichkeiten jedoch wurden großzügig erweitert. Teilweise erstrecken sie sich nun über mehrere Fassaden hinweg. Gut zu sehen ist das z. B. bei einem Besuch der **Bernstein Galerie** (s. S. 87) im Haus Nr. 1.

Etwas unscheinbar am Rande des Langen Marktes steht ein **Thermometer**, das an einen **berühmten Sohn der Stadt Danzig** erinnert: Der Physiker und Erfinder von Messinstrumenten **Daniel Gabriel Fahrenheit** (1686–1736) wurde Ende des 17. Jahrhunderts in der Hundegasse (Ulica Ogarna 95) geboren. Nach ihm wurde später die noch heute in den USA und einigen anderen Ländern gebräuchliche Temperaturskala Fahrenheit benannt.

8 Artushof (Dwór Artusa) ★★ [D5]

Mit seinen drei großen gotischen Fenstern und der prächtigen weißen Renaissancefassade ist der Artushof das eindrucksvollste Haus am Langen Markt 7. Seit Jahrhunderten ist seine erstaunlich ausgeschmückte Halle der Schauplatz repräsentativer Feste und ausgelassener Feierlichkeiten der Danziger Oberschicht. Während im 16. Jahrhundert, als der Handel in der Stadt blühte, nur die wohlhabendsten Bürger Zutritt fanden, kann heute jeder Besucher gegen einen kleinen Obolus den Artushof als Museum besichtigen.

Bereits 1350 wurde der Artushof erstmals als **Sitz einer Bruderschaft Danziger Kaufleute** erwähnt. Sein heutiges Aussehen aber bekam er erst 1616–1617, als die Fassade des Hauses nach Plänen von Abraham van den Blocke (1572–1628) im **Stile des Manierismus** umgestaltet wurde. Am Ende des **Zweiten Weltkriegs** wurde der Artushof **zu 70 Prozent zerstört.** Nur zwölf Jahre später aber stand das Haus wieder – und ein Gros der zuvor ausgelagerten Inneneinrichtung kehrte in den folgenden Jahrzehnten an den angestammten Platz zurück. Was fehlte, wurde anhand alter Fotografien rekonstruiert.

Sehenswert sind im Artushof vor allem die **sternengewölbte Halle** und die mit ihm verbundene **Danziger Diele** im benachbarten Schöffenhaus. Im Laufe der Jahrhunderte haben die verschiedenen Bruderschaften den Artushof mit den seltsamsten Kunstwerken ausgestattet. Zuerst fallen Besuchern von der Decke **herabhängende Segelschiffmodelle** ins Auge – ein Hinweis darauf, wie die Danziger Kaufleute zu ihrem Reichtum kamen. Ein Blickfang ist auch der gewaltige **Renaissance-Kachelofen** aus dem 16. Jahrhundert. Wer genau hinsieht, findet auf einer der 583 bunten Kacheln auch **Till Eulenspiegel**, der den Danzigern verschmitzt seine nackte Kehrseite entgegenstreckt. Diverse Gemälde, Wandtäfelungen, Ritterrüstungen und Engelsfiguren ergänzen das liebevoll zusammengestellte Sammelsurium im Artushof.

Die künstlerisch bis skurril ausgestattete Halle des Artushofs ist seit vielen Jahrhunderten **Dreh- und Angelpunkt des gesellschaftlichen Le-**

bens der Danziger. Legendär waren die Biergelage der Danziger Kaufmannsgilden. Der Artushof war im 16. und 17. Jahrhundert eine Art Drehscheibe für Kontakte nach ganz Europa. Von 1742 bis 1920 diente er den Kaufleuten als **Weizenbörse.** Und auch heute wird das Gebäude für Feiern, Festivals und repräsentative Veranstaltungen der Stadt genutzt: So beging z. B. Günter Grass, Ehrenbürger Danzigs, mit einem großen Fest im Artushof seinen 80. Geburtstag.

› Długi Targ 43/44, www.mhmg.pl, geöffnet: Mitte Juni–Mitte Sept. Mo. 9–13, Di.–Do. 9–16, Fr./Sa. 10–18, So. 10–16 Uhr; Mitte Sept.–Mitte Juni: Di. 10–13, Mi., Fr./Sa. 10–16, Do. 10–18, So. 11–16 Uhr, Eintritt: 10 Złoty (erm. 5 Złoty), Mo. (Saison) bzw. Di. (außerhalb der Saison) Eintritt frei

9 Grünes Tor (Zielona Brama) ★ [E5]

Das Grüne Tor bildet den **glanzvollen Abschluss des Langen Marktes** 7. Durch die vier Torbögen des stattlichen Gebäudes gelangt man zur Grünen Brücke (Zielony Most) [E5] über die Mottlau und an die Uferpromenade Lange Brücke (Długie Pobrzeże) [E4/5], die zum Flanieren einlädt.

In den großen, repräsentativen Sälen des Grünen Tors feierte das Danziger Bürgertum früher rauschende Feste. Heute nutzt sie das **Nationalmuseum** (s. S. 65), um in der Zweigstelle in **wechselnden Ausstellungen** alte Meister und moderne Kunst zu zeigen. Ursprünglich war das Grüne Tor – in den Jahren 1564–1568 im Stil des **niederländischen Manierismus** erbaut – als Unterkunft für in Danzig weilende polnische Könige gedacht. Diese verschmähten jedoch den Backsteinbau an der Mottlau und bezogen bequemere Quartiere. Lediglich Maria Ludwika Gonzaga (1611–1667), die Gemahlin gleich zweier polnischer Könige, nächtigte dort einmal während eines Zwischenstopps.

› ul. Długi Targ 24, www.mng.gda.pl, geöffnet: Di.–So. 10–17 Uhr, Eintritt: 10 Złoty (erm. 6 Złoty)

10 Speicherinsel (Wyspa Spichrzów) ★ [E5]

Die Speicherinsel ist das Symbol des **städtebaulichen Aufbruchs** in Danzig – man könnte auch sagen: der **Gentrifizierung.** Bis vor wenigen Jahren prägten noch die Ruinen alter Speicher das Bild an der Mottlau. Rund 300 gab es auf der Speicherinsel, bis sie während der Kriegshandlungen im März 1945 zerstört wurden. Sie zeugten davon, dass Danzig bereits im 14. Jh. eine blühende Handelsstadt war und später zu einem Zentrum des europäischen Getreidehandels wurde. Gegenwärtig wird die Speicherinsel neu erschlossen: Ein **Luxushotel** ist bereits fertig, ein weißes **Riesenrad** (auf Polnisch heißt es richtigerweise: Teufelsmühle) dreht sich, die **Uferpromenade** ist hell erleuchtet und am Kai liegen die **Jachten** der Reichen und Schönen vor Anker.

11 Brotbänkengasse (Ulica Chlebnicka) ★ [D5]

Vom Brotbänkentor an der Mottlau bis zur Marienkirche 16 verläuft die ruhige, von majestätischen Beischlägen (s. S. 23) und grau verputzten Bürgerhäusern gesäumte Brotbänkengasse. Ihren ungewöhnlichen Namen verdankt die bereits im 14. Jahrhundert als **Bäcker- oder Brotstraße** erwähnte Gasse den Brotbänken, von denen bis ins 16. Jahrhundert hinein Backwaren verkauft wurden.

Beeindruckend ist das 1568–1570 erbaute **Englische Haus** (Dom Angielski, Nr. 16), das einst Sitz englischer Kaufleute war. Mit seinen acht Stockwerken ist es das größte Bürgerhaus der Stadt. Im Krieg vollständig zerstört, wurde das Gebäude bis Ende der 1970er-Jahre wieder aufgebaut und dient seitdem als Studentenwohnheim der Kunstakademie.

Kaum zu glauben ist die Geschichte des **benachbarten Hauses** (Nr. 14) mit der für Danzig einzigartigen **spätgotischen Fassade.** Der preußische König Friedrich Wilhelm III. kaufte 1822 das vom Abriss bedrohte, verfallene Haus. Er ließ die Fassade von seinem Architekten Karl Friedrich Schinkel (1781–1841) sorgsam abtragen, per Schiff auf die Pfaueninsel bei Berlin bringen und dort wieder neu errichten. Beim Wiederaufbau Danzigs nach dem Zweiten Weltkrieg erinnerte man sich dieser Geschichte und erschuf an seinem alten Standort ein gelungenes Duplikat der Fassade.

12 Frauengasse (Ulica Mariacka) ★★★ [E5]

Krummes Pflaster, zierliche Bürgerhäuser und elegante Beischläge. Funkelnder Bernstein und eine Vielzahl netter Cafés mit romantischen Plätzchen zum Verweilen: Die Danziger Frauengasse versetzt ihre Besucher in längst vergangene Zeiten und lädt zum Träumen ein.

Die Frauengasse nimmt ihren Anfang an der Marienkirche 16 und erstreckt sich dann nach Osten in Richtung Mottlau, wo sie mit dem mittelalterlichen Frauentor, das direkt neben dem Haus der Naturforschenden Gesellschaft liegt, abschließt.

KURZ & KNAPP

Die Danziger Beischläge

Kunstvoll und individuell gestaltet, fallen sie Besuchern der Stadt sofort ins Auge – und sind über ihre praktische Funktion hinaus **kleine Sehenswürdigkeiten:** die Danziger Beischläge. Diese **an Terrassen erinnernden Hausvorbauten** waren früher im Ostseeraum keine Seltenheit, denn ihre primäre Aufgabe war der **Schutz vor Überschwemmungen.** Daher befanden sich die Wohnräume von Häusern stets über Straßenniveau, während das Erdgeschoss etwa als Werkstatt oder Verkaufsfläche genutzt wurde. Entsprechend hoch gelegen waren auch die Wohnungstüren, die man nur über die Beischläge erreichte, die übrigens auch als beliebte Kinderspielplätze dienten. Ihre individuelle Form und Gestaltung war gleichzeitig eine **Aussage über Amt und Geschmack des jeweiligen Hausherrn** sowie über seinen Vermögensstand. Heute sind die Beischläge in kaum einer Stadt so schön anzusehen wie in Danzig – obwohl auch hier im 19. Jahrhundert viele entfernt wurden, um dem wachsenden Verkehr Platz zu machen.

036dz Abb.: ab

„Die Frauengasse ist eine Gasse, durch die man lebenslang geht“, heißt es in „Der Butt“ von Günter Grass. Und wirklich: Die heutige Ulica Mariacka ist zweifellos eine der schönsten, wenn nicht gar die schönste Straße Danzigs, deren unnachahmlicher Zauber Besuchern noch für lange Zeit in Erinnerung bleiben wird.

Ihre **reich verzierten, schmalen Bürgerhäuser** mit den **individuellen Beischlägen** (s. S. 23), wo heute mit Bernstein und anderen Andenken gehandelt wird, scheinen ein Paradestück historischer Stadtbebauung zu sein.

Zum Beispiel steht hier das **älteste Bürgerhaus Danzigs**, das **Gotyk Haus (Nr. 1)**, in dem heute eine Pension untergebracht ist (s. S. 124). Da fällt es schwer zu glauben, dass auch die Frauengasse nach dem Ende des Zweiten Weltkriegs komplett in Trümmern lag und in ihrer jetzigen Form erst in den 1950er- und 1960er-Jahren neu errichtet wurde.

Als **Fußgängerzone** ist die Frauengasse **komplett verkehrsberuhigt.** Dennoch brodelt zur Reisesaison fast rund um die Uhr das Leben zwischen den hübschen Häusern mit ihren kleinen Läden und auf den Terrassen der gemütlichen Cafés. Waren es früher gut betuchte Goldschmiede und Kaufleute, die über die Granitpflastersteine des Sträßchens flanierten, so sind es heute Einheimische und Touristen. Es nimmt nicht wunder, dass die malerische Frauengasse im Laufe der Jahrhunderte immer wieder Künstler und Schriftsteller in ihrem Schaffen inspirierte. Auch diente sie als **beliebte Filmkulisse:** Unter anderem drehte Franz Peter Wirth hier die Fernsehserie „Die Buddenbrooks“ (1979) nach dem weltbekannten Gesellschaftsroman von Thomas Mann.

037dz Abb.: mb

13 Krantor (Żuraw) ★★★ [E4]

Das wuchtige Krantor ist ein Wahrzeichen der Stadt und schmückt fast jede Danziger Postkarte. Seine roten Backsteintürme und das schwarze, hölzerne Hebewerk prägen die Kontur der Uferpromenade. Einst diente das Krantor zum Be- und Entladen der in Danzig einlaufenden Schiffe. Heute ist es ein Aushängeschild des Zentralen Meeresmuseums (s. S. 67), das als größtes Schifffahrtsmuseum Polens und eines der bedeutendsten in ganz Europa gilt.

Bereits im Jahr 1367 muss es alten Quellen zufolge ein hölzernes

Das Krantor – Danzigs Wahrzeichen schlechthin

Krantor an der Mottlau gegeben haben. Mit ihm wurden vor allem **Holzfässer mit Bier** – ein Exportschlager des mittelalterlichen Danzig – auf die Koggen verladen und nach ganz Europa verschifft.

Nachdem das erste Krantor durch ein Feuer zerstört worden war, wurde zwischen 1442 und 1444 der zur damaligen Zeit **größte Hafenkran der Welt** an seiner Stelle errichtet. Er diente nicht nur dazu, Schiffe zu beladen oder deren Fracht zu löschen, sondern hatte dank seiner massiven Bauweise auch eine **Verteidigungsfunktion für die Stadt.** „Seine gedrungene Silhouette erinnerte an die breiten Schultern und den kapuzenbedeckten Kopf eines Danziger Stauers vor dem Aufhucken einer schweren Last“, schreibt der 1919 in Danzig geborene Brunon Zwarra in seinem Buch „Die Danziger – Erlebnisse eines Kaschuben“.

In den letzten Tagen des **Zweiten Weltkriegs** brannte das Krantor wie so viele andere Gebäude bis auf die Grundmauern nieder. Aber schnell wurde das Wahrzeichen der Stadt nach dem Krieg wieder aufgebaut, sodass es heute erneut das Antlitz Danzigs prägt – ebenso wie in den 500 Jahren zuvor.

Blickt man von der Uferpromenade aus in das Innere des Krantors, so kann man gut die **imposanten hölzernen Treträder** erkennen, mit denen nicht nur tonnenschwere Frachten gehoben, sondern auch Schiffsmasten aufgerichtet werden konnten. Bei einem **Museumsbesuch** kann man den **beeindruckenden Hebemechanismus** auch ganz aus der Nähe betrachten. Darüber hinaus führt eine Ausstellung durch den **Alltag eines Danziger Kaufmanns**, dessen Kontor sich im Mittelalter im Krantor befand.

KURZ & KNAPP

Die Danziger Fischfrauen

„Scheene Heringe! Pomucheln jefälligst! Flunderchen, liebe Freilein!“, so schallte es früher vielstimmig über den **Fischmarkt (Targ Rybny)** [E3/4]. Berühmt für ihre kesse Art und ihre Feilschkunst, waren die Danziger Fischfrauen bereits zu Lebzeiten ein Mythos und gehörten zu den traditionellen Attraktionen der Stadt. Auf der **Fischbrücke (Rybackie Pobrzeże)** [E4] und an der **Uferpromenade nahe dem Schwanenturm (Baszta Łabędź)** boten sie frischen Fang aus der Ostsee feil. Für ihr Mundwerk berühmt-berüchtigt, dick und dennoch flink, mit blitzsauberen Schürzen und charakteristischen schwarzen Strohhüten, die im Volksmund „Flunderkiepen“ hießen, standen die Fischfrauen in starkem Kontrast zu ihren eleganten Kundinnen des Danziger Bürgertums – ein Umstand, der in der Literatur vielfach karikiert wurde.

› ul. Szeroka 67/68, www.de.nmm.pl, geöffnet: Juli–Aug. tgl. 10–18 Uhr, Sept.–Nov. u. Jan.–Juni Di.–So. 10–16 Uhr, Dez. Di.–So. 10–15 Uhr, Eintritt: 8 Złoty (erm. 5 Złoty)

14 Zentrum für Maritime Kultur (Ośrodek Kultury Morskiej) ★ [E4]

Gleich neben dem Krantor 13 dokumentiert das Zentrum für Maritime Kultur auf drei Etagen allerlei **Wissenswertes rund um Meer und Seefahrt.** In dem repräsentativen, **lichtdurchfluteten Glasbau** des Zentralen Meeresmuseums (s. S. 67) gestattet eine ethnologische Ausstellung einen Einblick in die vielfältige Kunst

104dz Abb.: mb

des Bootsbaus auf der ganzen Welt. Originale Holzboote und Einhandsegler erzählen von den faszinierenden Traditionen und Eigenarten der seefahrenden Kulturen in allen Erdteilen. **Multimedia-Bildschirme** und **Filmdokumentationen** ergänzen die Ausstellung.

Für Kinder wird es **in der zweiten Etage** besonders interessant: In der interaktiven Ausstellung „Menschen – Schiffe – Häfen" kann der Nachwuchs nach Lust und Laune spielerisch die Welt der Seefahrt entdecken, Segelschiffe durch einen Wasserpool steuern, Seemannslieder singen und sogar einen Tsunami erzeugen.

› ul. Tokarska 21–25, www.de.nmm.pl, geöffnet: Sept.–Juni. Di.–Fr. 10–16, Sa./So. 10–18 Uhr, Juli–Aug. tgl. 10–19 Uhr. Eintritt für die Ausstellung „Boote der Völker der Welt": 6 Złoty (erm. 4 Złoty), für den interaktiven Saal „Menschen – Schiffe – Häfen": 8 Złoty (erm. 5 Złoty).

Blick auf die imposante Marienkirche

15 Museumsschiff „Sołdek" (Statek-muzeum „Sołdek") ★ [E4]

Im Jahr 1989 legte am Bleihof (Ołowianka) gegenüber dem Krantor 13 die „Sołdek" an – der erste nach dem Krieg in der Danziger Werft 31 gebaute **Kohle- und Erzfrachter.** Seitdem fungiert das nach dem Werftarbeiter Stanisław Sołdek (1916–1970) benannte Frachtschiff aus dem Jahre 1948 als Museumsschiff. Ein Rundgang führt durch das Innere des imposanten Frachters und erlaubt einen Blick in die **Kajüten** sowie auf **detailgetreue Schiffsmodelle.**

In dem neben dem Museumsschiff stehenden **Speicher auf dem Bleihof** (s. S. 67) ist eine weitere umfangreiche Ausstellung des Zentralen Meeresmuseums untergebracht. In der Saison setzt die **Mottlau-Fähre** (s. S. 129) vom Krantor zu den Speichern und dem Museumsschiff auf der anderen Seite der Mottlau über.

› ul. Ołowianka 9/13, www.de.nmm.pl, geöffnet: Feb.–Juni u. Sept.–Nov. Di.–So. 10–16 Uhr, Juli–Aug. tgl. 10–18 Uhr, Eintritt: 8 Złoty (erm. 5 Złoty)

16 Marienkirche (Kościół Mariacki) ★★★ [D4]

Einen imposanteren Abschluss ihrer malerischen Frauengasse 12 könnten sich die Danziger kaum wünschen: Die Marienkirche ist eines der mächtigsten Gotteshäuser Europas, angeblich die größte Backsteinkirche der Welt – und sie beherbergt ein Sammelsurium an Geschichte und Geschichten.

In starkem Kontrast zu ihrer äußeren Gestalt steht das weiß gekalkte und hell erstrahlende Innere der Marienkirche mit seinem schwindelerregend hohen **Sternengewölbe** (über 27 Meter). Bis zu 25.000 Menschen finden in dem insgesamt 105,50 Meter langen und 66 Meter breiten Gotteshaus Platz.

Das mithin größte handwerkliche Schmuckstück und der ganze Stolz der Kirche ist die **Astronomische Uhr** von Hans Düringer aus Thorn. Der Uhrmacher soll nach ihrer Vollendung geblendet worden sein, um kein vergleichbares Stück mehr konstruieren zu können. Doch die grausame Tat rächte sich: Als die Uhr im Jahr 1554 stehenblieb, war sie nicht mehr in Schwung zu bringen. Erst Ende des 20. Jahrhunderts glückte die Reparatur. Seitdem kann man täglich um Punkt 12 Uhr das **Figurenspiel der zwölf Apostel** bewundern.

Einer der größten Kunstschätze Danzigs hängt heute nur noch **in Kopie** in der Marienkirche: **Hans Memlings Altarbild „Das Jüngste Gericht"**. Das Original befindet sich heute im Hauptgebäude des Nationalmuseums 34 – nach einer langen, ereignisreichen Odyssee durch halb Europa (s. Exkurs S. 47).

Spannend ist auch die Geschichte des barocken Dichters **Martin Opitz** (1597–1639), der in Danzig u. a. als Literat und Übersetzer tätig war. Sein **Grab und eine Gedenktafel** in der Marienkirche erinnern an den bedeutenden Poeten. Eine Legende besagt, dass er sich mit der Pest infizierte, als ihn ein Bettler vor dem Portal der Marienkirche aus Freude über ein Almosen umarmte.

Um die äußerlich wuchtige Gestalt der 1343–1502 erbauten Marienkirche ranken sich **allerlei Mythen:** So erklärt man sich die gedrungene Form des Kirchturms entweder damit, dass der Deutsche Orden keinen höheren genehmigt habe – oder mit der Geschichte eines Riesen, der auf dem Turm Platz nahm und ihn kurzerhand platt drückte. Wie dem auch sei: Ein **Aufstieg auf den Turm** ist sehr lohnenswert. Nach dem Erklimmen seiner 402 Stufen bietet sich dem Besucher ein unvergleichlicher Blick über Danzig.

Interessant ist auch die **konfessionelle Ausrichtung** der Marienkirche: Nach ihrer katholischen Frühgeschichte wurde sie mit Beginn der Reformation gemeinsam von evangeli-

072dz Abb.: kw

Geniales Meisterwerk: Kalenderblatt der Astronomischen Uhr

schen und katholischen Gläubigen genutzt und existierte bis 1945 als protestantische Kirche. Nachdem Danzig wieder zum traditionell katholischen Polen gehörte, wurde auch die Marienkirche wieder katholisch. Von ihrer sich wandelnden Konfession zeugt bis heute die benachbarte Königliche Kapelle, die den polnischen Monarchen bei Besuchen in der einst lutherisch geprägten Stadt die Ausübung ihres Glaubens ermöglichte.

Gegen Ende des Krieges wurde die Marienkirche zu 40 Prozent zerstört. Relativ intakt blieben nur ihre robusten Außenmauern. Ein Teil der Inneneinrichtung war jedoch im Vorfeld ausgelagert und somit gerettet worden.

Zu einer kleinen Sensation kam es 2005, als mit dem **deutschen Mediziner Otto Kulcke** erstmals seit 150 Jahren wieder ein Mensch in der Marienkirche beigesetzt wurde. Diese **ehrenvolle letzte Ruhestätte** erhielt der Mäzen für sein unermüdliches Engagement um die Restauration der Kirchenorgel.

Nach der **Flugzeugkatastrophe von Smolensk 2010** wurde auch der bei den Danzigern außerordentlich geschätzte Parlamentsabgeordnete Maciej Płażyński in der Marienkirche bestattet. Sein Sarkophag befindet sich vor dem Mahnmal für die Opfer von Smolensk.

› ul. Podkramarska 5, www.bazylikamariacka.pl, **Kirche geöffnet:** Mai–Sept. Mo.–Sa. 8.30–18.30, So. 11–18.30 Uhr, Okt.–April Mo.–Sa. 8.30–17, So. 11–17 Uhr. Während der Messe ist eine Besichtigung nicht möglich. **Turm geöffnet:** Juni–Aug. tgl. 9–21, Mai/Sept. tgl. 9–18.30, April und Okt./Nov. tgl. 8–17.30 Uhr. **Eintritt Kirche:** 4 Złoty (erm. 2 Złoty). **Eintritt Turm:** 6 Złoty (erm. 3 Złoty).

17 Heilig-Geist-Gasse (Ulica św. Ducha) ★ [D4]

Die Heilig-Geist-Gasse ist eine eigenartige Straße. Denn am Heilig-Geist-Tor (Brama Świętego Ducha) zur Mottlau wurde nach dem Krieg **nur eine Straßenhälfte wieder aufgebaut**; auf der Südseite dagegen ragen die alten Beischläge ins Leere. Einst stand an dieser Stelle das Haus, in dem im Jahr 1788 der vielleicht bedeutendste **Sohn Danzigs** das Licht der Welt erblickte: **Arthur Schopenhauer** (1788–1860). Die Mutter des für seinen Pessimismus bekannten Philosophen war im gegenüberliegenden Haus aufgewachsen – und ist bei den Danzigern ob ihrer farbig ausgeschmückten Jugenderinnerungen noch immer sehr beliebt. Lange lebte die Familie Schopenhauer allerdings nicht an der Mottlau. Nach der ersten Teilung Polens darbte Danzig als polnische Exklave in Preußen dahin. Als die preußischen Soldaten im Jahr 1793 dann auch in Danzig einmarschierten, verließ die Familie die Stadt und zog nach Hamburg. Am früheren Wohnhaus der Schopenhauers erinnert heute eine **kleine Gedenktafel** an den berühmten Einwohner.

Nur wenige Schritte vom Geburtshaus des großen Philosophen entfernt steht die orangerote, 1681 vollendete **Königliche Kapelle (Kaplica Królewska).** Der polnische König Johann III. Sobieski (1629–1696) ließ das barocke Gotteshaus gleich neben der Marienkirche 16 für die wenigen Danziger Katholiken der damals protestantischen Stadt errichten.

› **Königliche Kapelle (Kaplica Królewska),** ul. św. Ducha 42.

KURZ & KNAPP

Jopenbier

Vom 15. bis 18. Jahrhundert war das Jopenbier ein **Danziger Exportschlager.** Mit heutigen Bieren aber hatte es nur wenig gemein. Das Gerstengetränk wurde länger und mit einer doppelten Menge an Malz gebraut, weshalb es besonders stark und dickflüssig war. Der **dunkelrote bis pechschwarze Sirup** wurde deshalb auch nicht als Bier getrunken, sondern bei Erkältungen als Medizin verschrieben, zum Binden von Suppen und Soßen verwendet oder als Geschmacksverstärker für schwächere Biere genutzt.

18 Jopengasse (Ulica Piwna) ★ [D4]

Vom Großen Zeughaus 19 zur Marienkirche 16 führt die Jopengasse, die auf Polnisch **Bierstraße (Ulica Piwna)** genannt wird. Auf Beischlägen und Bürgersteigen prägen Restaurants und Cafés das Straßenbild. Ihren Namen verdankt die kleine Straße nicht dem heutigen Biergenuss in den Lokalen, sondern einer alten Tradition: Über Jahrhunderte hinweg war Danzig in Europa für die Herstellung seines **Jopenbiers** (siehe oben) bekannt. Bierbrauer bestimmten im späten Mittelalter das städtische Leben. Im Jahr 1416 soll es allein in der Rechtstadt 378 ihrer Zunft gegeben haben. Als die Jopengasse 1449 erstmals als solche erwähnt wurde, brauten sie jährlich etwa eine Viertelmillion Fässer Bier, die jeweils 126 Liter fassten. Das Jopenbier wurde entweder in kleinen Fässchen in Danzig verkauft oder aber auf Schiffe verladen und in die weite Welt geschickt, vor allem nach England. Der **Astronom Johannes Hevelius** (s. S. 37) war der **bekannteste Bierbrauer und Exporteur** von Jopenbier in Danzig. Heute gibt es zwar kein Jopenbier mehr, aber in der Mini-Brauerei **Browar Piwna** (s. S. 89) auf der Jopengasse lassen sich Danziger Biersorten probieren oder als Mitbringsel erwerben.

19 Großes Zeughaus (Wielka Zbrojownia) ★ [C4]

Das 1600–1609 am Ende der Jopengasse im **Stile des niederländischen Manierismus** erbaute Große Zeughaus gehört unbestreitbar zu den prachtvollsten Bauten der Danziger Innenstadt. In dem bis ins 19. Jahrhundert als Waffenarsenal fungierenden Gebäude ist heute die **Danziger Kunstakademie** untergebracht.

Die **prachtvolle, viergiebelige Fassade** des durch den Danziger Architekten Hans Strakowski (1543–1611) vermutlich nach Plänen des Flamen Anton van Obberghen (1567–1642) errichteten Zeughauses lässt sich am besten vom Kohlenmarkt (Targ Węglowy) [C4] aus bewundern. An den Giebelspitzen angebrachte **Kanonenkugeln** aus Bronze verweisen auf seinen militärischen Bestimmungszweck.

In der **Zeughauspassage** erhielt übrigens Oskar Matzerath, der Held aus Grass' Roman „Die Blechtrommel", bei dem jüdischen Spielzeughändler Sigismund Markus jene **Blechtrommeln** mit den rot-weißen Zacken, die seiner exzessiven Nutzung selten länger als zwei Wochen standhielten. Und dort wurde er in Betreuung gegeben, während seine Mutter mit geröteten Wangen zu „eiligen Besorgungen" aufbrach. Heute findet man hier **wechselnde Kunstausstellungen** und das **Künstlercafé Zbrojownia** (s. S. 77), das in den Abendstunden zu einem angesagten Mekka für Nachtschwärmer mutiert.

› ul. Targ Węglowy 4

20 Nikolaikirche (Kościół św. Mikołaja) ★★ [D4]

Die Nikolaikirche gehört zu den beeindruckendsten Gotteshäusern in Danzig. Betritt man an einem schönen Vormittag die äußerlich eher schlichte, zweitälteste Kirche der Stadt, gerät man ins Staunen. Denn bei morgendlichem Sonnenschein wird das komplette Kirchenschiff mit seinem Sternengewölbe in ein fast gleißendes und dennoch wohlig-warmes Licht getaucht.

Die **original erhaltenen hölzernen Kirchenbänke,** das üppig verzierte **gotische Chorgestühl** mit barocken Reliefs, Rokoko-Beichtstühle, kunstvolle Altäre und Kanzeln verweisen auf die wundersame Geschichte der heute katholischen Backsteinkirche. Als **einziges Gotteshaus** der Stadt blieb die Nikolaikirche **von den Kriegsschäden** im Jahr 1945 **verschont,** obwohl alle Gebäude ringsum in Schutt und Asche lagen. Nach dem Krieg ging das Gerücht um, zwei Küster hätten die Kirche vor dem Anzünden gerettet, indem sie Soldaten der Sowjetarmee mit Wodka besänftigten.

Im Jahr 2001 sind **Ausgrabungsteams** auf Kirchenreste aus dem 12. Jahrhundert gestoßen. Etwa zu dieser Zeit wurde die Nikolaikirche erstmals erwähnt. 1227 hatte der Herzog von Pommerellen, Swantopolk der Große (1195–1266), sie dem Dominikanerorden zum Geschenk gemacht, der daraufhin in unmittelbarer Nachbarschaft den Bau seines Klosters begann. Im 14. Jahrhundert erhielt die Nikolaikirche durch Umbauten ihre bis heute erhaltene Form sowie den für sie charakteristischen, **massiven Backsteinturm.**

› ul. Świętojańska 72

21 Markthalle (Hala Targowa) ★ [D3]

Wer sich auf Spurensuche in die Danziger Vergangenheit machen möchte, ist kurioserweise mit einem Besuch der Markthalle gut beraten. Denn im Inneren dieses 1884 erbauten, **viertorigen Backsteingebäudes** lassen sich gleich mehrere Epochen der Stadtgeschichte nachvollziehen. Die am Standort des ehemaligen Dominikanerklosters errichtete Halle, die den Zweiten Weltkrieg fast unbeschadet überstanden hat, war auch zu Zeiten der Volksrepublik (1944–1989) für Handelszwecke genutzt worden. Bei Renovierungsarbeiten im Innenraum der Markthalle in den 1990er-Jahren wurden unverhofft **Fundamente einer einschiffigen romanischen Kirche und des Dominikanerklosters** freigelegt. Diese kann man heute hinter einer schützenden Glasfassade in skurrilem Kontrast zu Wurst- und Käsetheken, modernen Aufzügen und Rolltreppen bestaunen.

Gegenüber dem Eingang zur Markthalle steht der 36 Meter hohe **achteckige Turm „Kiek in de Kök“** („Schau in die Küche“), der seit dem 14. Jahrhundert Teil des mittelalterlichen Befestigungsrings um die Rechtstadt war. Nach Beseitigung der Kriegsschäden zog ein bis heute dort ansässiges Fotogeschäft in den Turm.

› pl. Dominikański 1,
www.halatargowa.pl/de,
geöffnet: Mo.–Fr. 9–18,
Sa. 9–15 Uhr

In Danzigs Markthalle (21) *wird bis heute gehandelt*

(22) Shakespeare-Theater (Teatr Szekspirowski) ★ [C5]

In Danzig gibt es ein Shakespeare-Theater – gut 1300 Kilometer von der Londoner Heimat des Autors entfernt? Ja, schon seit Beginn des 17. Jh. traten in der Fechtschule, die sich einst am heutigen Standort des Theaters befand, **englische Wanderschauspieler** auf. Mit dem 2014 eröffneten Theater schlägt Danzig somit den Bogen zur Kunst des Elisabethanischen Zeitalters.

Mit seinem **schwarzen, massiven Backstein** steht der moderne Bau in starkem Kontrast zum sorgsam wiederaufgebauten „alten" Danzig, doch im Inneren herrschen Helle und Leichtigkeit. Die Öffnung des **europaweit einzigartigen aufklappbaren Dachs** ist der Höhepunkt einiger Inszenierungen.

Wer das Theater besichtigen möchte, kann entweder eine Vorstellung besuchen oder an einem **einstündigen Rundgang** teilnehmen. Von der Terrasse des Theaters bietet sich ein toller Blick auf die Stadt.

› Shakespearc-Theater, ul. Bogusławskiego 1, www.teatrszekspirowski.pl, Führungen: tgl. 15 Uhr (poln./engl.), Eintritt: 14 Złoty (erm. 8 Złoty)

Altstadt und Werftgelände

Etwas unscheinbarer als die Rechtstadt zeigt sich die Altstadt (Stare Miasto), die trotz ihres Namens nicht das historische Zentrum Danzigs ist. Erst um 1377 – gut 150 Jahre nach der Rechtstadt – erhielt sie eigene Stadtrechte. Zu jener Zeit wachte noch der Deutsche Orden von seiner erst 1454 zerstörten Burg an der Mottlau über die Altstadt, die bis zur Annexion Danzigs durch Preußen 1793 eigenständig blieb. Einer ihrer bekanntesten Bürgermeister war der berühmte Astronom Johannes Hevelius. Die Sehenswürdigkeiten der Altstadt erzählen aber auch von ihrer jüngeren Geschichte: Die Polnische Post wurde zum Symbol des Widerstands gegen den Überfall des nationalsozialistischen Deutschland 1939 und am Rande der Altstadt gründete sich auf der Danziger Werft die Gewerkschaft Solidarność, die nicht nur die jüngere Danziger Geschichte umwälzte.

116dz Abb.: ab

23 Museum des Zweiten Weltkriegs (Muzeum II Wojny Światowej) ★★★ [E2]

Mit dem Beschuss der Westerplatte begann am 1. September 1939 in Danzig der Zweite Weltkrieg. Vom Grauen dieser Zeit, vom Weg in den Krieg und seinem langen Schatten erzählt an historischer Stätte das Museum des Zweiten Weltkriegs – eine der größten Geschichtsausstellungen der Welt.

Das Museum rückt das Kriegserleben Polens und anderer mittelosteuropäischer Länder in den Blickpunkt. Dazu zählt vor allem auch die Erfahrung einer **doppelten Aggression und Besatzung:** durch das nationalsozialistische Deutschland und durch die stalinistische Sowjetunion. Diese Perspektive auf den Zweiten Weltkrieg wird das europäische Erinnern an das 20. Jh. nachhaltig beeinflussen.

Die Ausstellung erzählt in **drei großen Abschnitten** vom Zweiten Weltkrieg: Der erste Block nimmt dessen **Vorgeschichte** vom Versailler Vertrag bis zum deutschen und sowjetischen Überfall auf Polen im September 1939 in den Blick. Der zweite Block zeigt das **Grauen des Krieges** anhand der Schicksale von Soldaten, Kriegsgefangenen, KZ-Häftlingen, Zwangsarbeitern und Zivilisten und verdeutlicht den verbrecherischen Charakter jener Zeit. Im dritten Block werden das **Ende des Krieges und seine komplexen Folgen** beleuchtet – von den Bevölkerungsverschiebungen in Mittel- und Osteuropa bis hin zur Teilung Europas. Für Kinder werden in der zusätzlichen Ausstellung **„Zeitreise"** der Kriegsalltag einer Warschauer Familie und ihre immer beschwerlicheren Lebensumstände geschildert.

Auf 5000 m² gelingt es den Historikern, lokale, polnische und europäische Erzählungen vom Zweiten Weltkrieg miteinander zu verknüpfen. Umso unverständlicher, dass gerade dieses Museum mit seinem skulpturalen, backsteinfarben-gläsernen Bau zum **symbolischen Zankapfel polnischer Innenpolitik** wurde (s. S. 106).

› pl. Władysława Bartoszewskiego 1, www.muzeum1939.pl, geöffnet: Di.–So. 10–19 Uhr (Einlass bis 17 Uhr), Eintritt: 23 Złoty (erm. 16 Złoty), Audioguide: 5 Złoty, Eintritt für die Ausstellung „Zeitreise": Kinder 8 Złoty, Erwachsene 13 Złoty

039dz Abb.: ab

㉔ Museum der Polnischen Post (Muzeum Poczty Polskiej) ★★ [E3]

Das Gebäude der Polnischen Post vereint heute zwei Institutionen unter einem Dach: Es fungiert nach wie vor als Postamt und beherbergt außerdem ein Museum, das an die Verteidigung der Post im September 1939 erinnert.

Am 1. September 1939 begann der **Zweite Weltkrieg** mit dem Beschuss der Westerplatte ㊴ und einem zeitgleichen **Angriff auf die Polnische Post** am früheren Heveliusplatz – welche von ihren Angestellten in einem 14-stündigen, aussichtslosen Kampf bis zuletzt verteidigt wurde. Nach der Kapitulation wurden die **Postbeamten als Freischärler zum Tode verurteilt** und kurze Zeit später hingerichtet (s. Exkurs S. 34).

Vier Jahrzehnte darauf öffnete ein **Museum** seine Pforten, das nicht nur an die Geschichte des polnischen Postwesens in der Freien Stadt Danzig (1920–1939), sondern auch an das Schicksal seiner kompromisslosen Verteidiger erinnert. Gezeigt werden unterschiedliche Kommunikationsgeräte wie alte Telefonapparate, Fotos und historische Dokumente sowie Waffen und persönliche Gegenstände der am Widerstand beteiligten Postbeamten.

Den Haupteingang des Gebäudes bewacht eine realsozialistische Interpretation der **Siegesgöttin Nike**, geschaffen 1979 von dem polnischen Bildhauer Wincenty Kućma. Seit 2005 befindet sich auch im **Hinterhof** ein eindrücklicher Gedenkort: In Erinnerung an die einst an dieser Wand aufgereihten Verteidiger der Post wurden **Tonplatten mit Handabdrücken** in unterschiedlicher Höhe angebracht. Selbst für die zehnjährige Hausmeistertochter Erwinka, die im Kampf um das Gebäude ihr Leben verlor, sind auf einer tief hängenden

◁ Auch in architektonischer Hinsicht sorgt das Museum des Zweiten Weltkriegs für Aufsehen

△ Eine realsozialistische Version der Siegesgöttin Nike bewacht die Polnische Post

Platte die Abdrücke von Kinderhänden zu sehen.

Aktuell plant das Museum eine Überarbeitung seiner Ausstellung, die die Verteidiger der Post als Individuen mit ihrer ganz persönlichen Geschichte zeigen soll – als einfache Männer, die zwar bereit waren, Polen zu verteidigen, die Tragweite und möglichen Konsequenzen ihrer Entscheidung aber in fataler Weise unterschätzten.

Ein **literarisches Denkmal** wurde den Verteidigern der Polnischen Post **von Günter Grass** gesetzt: Oskar Matzerath erlebt in „Die Blechtrommel" den Angriff auf das Postamt – wobei er seine geliebte Trommel vorsorglich in einem Korb voller Briefe versteckt. Diese werden übrigens im historischen Postgebäude noch immer befördert, sodass man mit einem Besuch des Museums gleich den **Post-**

Der Kampf um die Polnische Post

Aussichtslose Gegenwehr oder nationale Heldentat? Um die Hintergründe der Verteidigung der Polnischen Post in den ***ersten Stunden des Zweiten Weltkriegs*** *zu verstehen, muss man etwas in der Geschichte zurückgreifen. Warum gab es überhaupt ein polnisches Postamt in der von Deutschen dominierten Freien Stadt Danzig und was machte es zu einem strategisch so bedeutsamen Angriffsziel?*

Der Vertrag von Versailles sicherte Polen in der seit 1920 existierenden Freien Stadt Danzig das ***Recht auf einen eigenen Postdienst*** *zu. Insgesamt zehn Briefkästen wurden überall in der Stadt aufgestellt und eigene Briefmarken herausgegeben. Doch was der Völkerbund legitimierte, wurde von der Danziger Bevölkerung noch lange* ***nicht gutgeheißen,*** *die zu etwa 90 Prozent aus Deutschen bestand. Spätestens ab 1933 galt die Lage der Post als prekär. Attacken auf Uniform tragende polnische Briefträger sowie eine Verschandelung oder Zerstörung von Briefkästen waren an der Tagesordnung.*

Nachdem Adolf Hitler den deutsch-polnischen Nichtangriffspakt aufgekündigt hatte, schien eine ***Offensive gegen Polen*** *nur noch eine Frage der Zeit zu sein – und auch die polnische Seite traf geheime Vorkehrungen für den Ernstfall. In der Freien Stadt Danzig gestaltete sich die Lage aufgrund ihres Sonderstatus' besonders schwierig, denn hier kämpften Nachbarn gegen Nachbarn. Eine „SS-Heimwehr Danzig" war bereits im Juni 1939 aufgestellt worden. Auf der Halbinsel* ***Westerplatte*** *39 und in der* ***Polnischen Post*** *24 wurden* ***Waffendepots eingerichtet*** *und* ***Verteidiger stationiert,*** *deren Aufgabe es sein sollte, die Ziele bei einem potenziellen Angriff so lange zu halten, bis die Armee aus dem nahe gelegenen polnischen Korridor eintreffen sollte.*

Die ***Hoffnung auf einen nur kurzen Hinhaltekampf*** *bis zur Ablösung durch die reguläre Armee war es, die den selbstlosen Einsatz der nur zum Teil militärisch geschulten Postbeamten im Nachhinein nicht so aussichtslos scheinen lässt, wie er oft dargestellt wird. Nur etwa* ***50 bewaffnete Postbeamte*** *verteidigten das Gebäude der Hauptpost am Heveliusplatz etwa 14 Stunden lang gegen die* ***übermächtigen Angreifer.*** *Der Angriff der SS-Heimwehr war zeitgleich mit dem Be-*

kartenversand verbinden kann (Öffnungszeiten s. S. 120).

› pl. Obrońców Poczty Polskiej 1/2, www.mhmg.pl, geöffnet: Mitte Juni–Mitte Sept. Mo. 9–13, Di.–Do. 9–16, Fr./Sa. 10–18, So. 10–16 Uhr, Mitte Sept.–Mitte Juni: Di. 10–13, Mi., Fr./Sa. 10–16, Do. 10–18, So. 11–16 Uhr, Eintritt: 10 Złoty (erm. 5 Złoty), Mo. (Saison), Di. (außerhalb der Saison) Eintritt frei

schuss der Westerplatte und dem Kappen der Telefonverbindungen erfolgt, was die Verteidiger der Polnischen Post auch in kommunikativer Hinsicht völlig isolierte.

Erst nachdem Benzin in die Keller gepumpt worden war und das bereits stark zerstörte Gebäude in Flammen aufging, entschlossen sich die Postbeamten zur Kapitulation. Beim Verlassen des Gebäudes wurden der Direktor der Post sowie der Kommandant ***trotz hoch erhobener weißer Fahne erschossen.*** *Alle weiteren Verteidiger, von denen nur vieren die Flucht gelang, verurteilte ein Kriegsgericht als Freischärler zum Tode. Erst knapp sechzig Jahre nach ihrer Hinrichtung wurden sie* ***durch das Landgericht Lübeck rehabilitiert.*** *Weitere Menschen waren bei den Kämpfen und durch das Feuer ums Leben gekommen, darunter auch der im Gebäude wohnende Hausmeister und seine zehnjährige Pflegetochter Erwina. Der Kampf um die Polnische Post ist, wie auch die Verteidigung der Westerplatte, ein* ***Sinnbild des polnischen Widerstandes gegen die Nationalsozialisten*** *– trotz oder gerade wegen der Aussichtslosigkeit beider Unterfangen.*

25 Brigittenkirche (Kościół św. Brygidy) ★ [D3]

Die Brigittenkirche ist eng mit der Solidarność (s. Exkurs S. 40) verbunden. Über drei Jahrzehnte wirkte Pfarrer Henryk Jankowski als inoffizieller Seelsorger der freien Gewerkschaft und Beichtvater von Lech Wałęsa in der Basilika. Nach der Wende 1989 gab Jankowski den Anstoß zum Bau eines spektakulären Altars aus Bernstein – und wurde aufgrund seiner extrem nationalkonservativen Ansichten zu einer äußerst umstrittenen Persönlichkeit Danzigs.

Für die **Streiks der Werftarbeiter** in den 1980er-Jahren spielte die Brigittenkirche eine **zentrale Rolle.** Pfarrer Henryk Jankowski (1936–2010) feierte 1980 für Tausende von streikenden Arbeitern Messen auf der Danzi-

KLEINE PAUSE

Eisdiele mit Kultstatus

Was unter Touristen noch als **Geheimtipp** gehandelt wird, hat für Danziger aller Altersklassen schon lange Kultstatus: die winzige **Eisbar Miś** (s. S. 78), die, nur wenige Schritte von der Uferpromenade entfernt, in einer stillen Seitenstraße liegt. Dort portionieren betagte Verkäuferinnen selbst gemachtes Eis, das sowohl **geschmacklich** als auch **preislich ein Erlebnis** ist. Zwar wurde das Lädchen kürzlich renoviert, doch den Rezepten aus dem Eröffnungsjahr 1962 ist man treu geblieben – und irgendwie ist es doch auch schön, unabgelenkt von grellbunten Verkaufsschlagern zwischen ein paar wenigen, klassischen Eissorten wählen zu können …

ger Werft 31. Während der Zeit des Kriegsrechts in Polen (1981–1983) strömten die Menschen in die Gottesdienste der Brigittenkirche, ebenso wie **hochrangige Vertreter aus dem westlichen Ausland,** die sich dort mit Lech Wałęsa trafen. Unter ihnen war auch der damalige deutsche Bundespräsident Richard von Weizsäcker.

In der Zeit nach 1989 spaltete Jankowski, der führende Kopf der antikommunistischen, kirchlichen Opposition, seine Gemeinde. Viele Gläubige empfanden seine Predigten als zunehmend nationalistisch und antisemitisch. Im Jahre 1997 verbot ihm der Danziger Erzbischof zu predigen, gleichwohl wurde Jankowski 2000 Ehrenbürger der Stadt. 2004 wurde er aber **als Pfarrer abberufen.** Als er 2010 starb, setzte man ihm neben der Brigittenkirche ein Denkmal. Sein Grab ist im Seitenschiff der Kirche.

Das zu besichtigende **große Holzkreuz** von der Messe auf der Werft erinnert an bewegte Zeiten. Dass der Kampf der freien Gewerkschaft auch Todesopfer forderte, zeigt der **Gedenkstein für Jerzy Popiełuszko** (1947–1984). Der beliebte Warschauer Pfarrer und engagierte Unterstützer der Solidarność wurde 1984 vom polnischen Sicherheitsdienst ermordet. Auf eine Initiative von Pfarrer Jankowski geht auch der **Bau des Bernsteinaltars** zurück. Im Chor der Kirche fertigen Bernsteindrechsler aus Danzig zurzeit einen Altar aus dem Gold der Stadt. Elf Meter hoch und zwölf Meter breit soll der Bernsteinaltar einmal werden – und in Größe und künstlerischem Wert sogar das legendäre Bernsteinzimmer übertreffen. Noch sind erst kleine Fragmente des Altars zu bewundern.

› ul. Profesorska 17, www.brygida.gdansk.pl, Eintritt: 2 Złoty (erm. 1 Złoty)

26 Katharinenkirche (Kościół św. Katarzyny) ★ [D3]

Mit ihrer imposanten Silhouette prägt die Katharinenkirche – das älteste Gotteshaus Danzigs – das Bild der Stadt. In ihr findet sich die letzte Ruhestätte des berühmten Danziger Astronomen Johannes Hevelius. Auf dem Dachboden des Gotteshauses zeigt ein kleines Museum alte Kirchturmuhrwerke und ein Wunderwerk der modernen Technik: die erste Pulsar-Uhr der Welt.

Wann genau mit dem Bau der Katharinenkirche begonnen wurde, ist unbekannt. Belegt ist lediglich, dass es das Gotteshaus bereits im Jahr 1227 gegeben haben muss. Das heute zu sehende Gebäude entstand ab 1379.

Seit dem 20. Jh. markiert die Geschichte der Katharinenkirche eine Erzählung von **Zerstörung und Wiederaufbau.** Ein Blitz setzte 1905 den Kirchturm lichterloh in Flammen. Im März 1945 brannte die ganze Stadt und das Dach, die Turmhaube und Teile des imposanten Sterngewölbes wurden verwüstet. Bis in die 1980er-Jahre zogen sich die Wiederaufbauarbeiten hin. 2006 war es erneut ein Feuer, das Teile des Dachs und der Turmkuppel zerstörte.

An den Seitenwänden der Katharinenkirche befinden sich sehenswerte **Wandmalereien aus dem 15. Jahrhundert** und – links des Altars – die **Grabplatte von Johannes Hevelius** (siehe Infokasten rechts). Erst 1986 wurde die letzte Ruhestätte des Astronomen, Ratsherren und Bierbrauers von polnischen Geistlichen entdeckt.

Über eine enge Treppe gelangt man auf den **Kirchturm.** In 50 Metern Höhe eröffnet sich ein lohnenswerter

KURZ & KNAPP

Astronom und Bierbrauer: Johannes Hevelius

In Europa kennt man Johannes Hevelius (1611–1687) als bedeutenden Astronomen: Ein seinerzeit einzigartiger, mit selbst gefertigten Kupferstichen ausgeschmückter **Atlas der Mondoberfläche** sowie der damals **umfangreichste Sternenkatalog** machten ihn weit über die Grenzen seiner Heimatstadt Danzig hinaus berühmt.

Als Anerkennung seiner astronomischen Leistungen statteten ihn die Könige Frankreichs und Polens mit einem **lebenslangen Ehrensold** aus. 1664 erhielt Hevelius den **Ritterschlag** für seine wissenschaftlichen Verdienste und wurde Mitglied der Londoner Royal Society.

In seiner Heimatstadt erinnert man sich aber nicht nur an den großen Wissenschaftler: Johannes Hevelius (poln. Jan Heweliusz) wirkte auch als **Schöffe, Ratsherr und Bürgermeister.** Zugleich war er als **Zunftmeister** einer der **einflussreichsten Bierbrauer Danzigs** und Produzent des zu seiner Zeit allseits beliebten Jopenbiers (s. S. 29). An seinem 76. Geburtstag starb Hevelius in seinem Geburtshaus in der Altstadt.

Blick auf die in tiefes Backsteinrot getauchte Altstadt.

Technikinteressierte aber werden vor der Aussicht auf dem **Dachboden** halt machen. Dort wurde ein kleines **Museum für mechanische und mechanisch-elektrische Kirchturmuhrwerke** eingerichtet (s. S. 64). Die ältesten Exponate stammen aus dem 14. und 15. Jahrhundert. Zum 400. Geburtstag von Hevelius wurde 2011 zudem eine der genausten Uhren der Welt im Turm der Katharinenkirche installiert. Die **weltweit erste Pulsar-Uhr** misst die Zeit extrem genau, indem sie die Radiowellen schnell rotierender Neutronensterne zählt.

› ul. Wielkie Młyny 10, www.mhmg.pl, geöffnet: Mitte Juni bis Mitte Sept. tgl. 11–19 Uhr, Eintritt: 10 Złoty (erm. 5 Złoty)

27 Große Mühle (Wielki Młyn) ★ [D3]

Die Große Mühle **am Radaunekanal (Kanał Raduni)** gehörte im Mittelalter, als Danzig einer der wichtigsten Umschlagplätze für Weizen in Europa war, zu den **kolossalsten Wirtschaftsbauten** Europas. Bereits Mitte des 14. Jahrhunderts wurde das imposante Gebäude auf einer Insel im Radaunekanal errichtet. Der künstliche Wasserlauf war zur gleichen Zeit angelegt worden, um die Stadt mit frischem **Trinkwasser** zu versorgen und die anfangs zwölf, später **18 Mühlräder der Ordensmühle** anzutreiben.

Auf dem **sechsstöckigen Dachboden** lagerte man **Getreide und Mehl.** Mehr als 6000 Tonnen Roggen und Weizen wurden hier Anfang des 17. Jahrhunderts gemahlen; bis zu Beginn des 20. Jahrhunderts wurde die Mehlproduktion auf bemerkenswerte 200 Tonnen pro Tag gesteigert. Die Große Mühle blieb fast bis in die letzten Kriegstage in Betrieb. 1945 wurde sie schwer beschädigt und erst in den 1960er-Jahren wieder aufgebaut, dann fungierte sie aber nicht mehr als Mühle.

Gut 20 Jahre lang befand sich eine kleine **Einkaufsgalerie** in der Großen Mühle. 2016 wurde diese geschlossen. Seitdem ist die **Große Mühle nicht mehr für Besucher zugänglich.** Derzeit prüft das Historische Muse-

…nde 37

EXTRATIPP

Eine Bank mit Internetanbindung

Eine **Verschnaufpause** vom Sightseeing bietet sich **vor der Großen Mühle** ㉗ an. Denn dort hat man eine **„Internetbank" (Ł@weczka internetowa)** aufgestellt, um die Lieben zu Hause in Echtzeit grüßen zu können. Und so einfach geht's: Die Daheimgebliebenen rufen die **Internetseite www.gdansk.pl/multimedia?multimedia=kamera1** auf und die Touristen winken fröhlich in eine an der Mühle befestigte **Webcam.** Der einzige Nachteil: Wer nicht über diesen Extraservice im Bilde ist – so wie es bei den polnischen Rentnerinnen zu vermuten ist, die sich zum Taubenfüttern auf der Bank niederlassen –, landet mitunter ganz unfreiwillig im World Wide Web.

um Pläne, das Bernsteinmuseum aus dem Stockturm ❷ hierher zu verlegen.

Der ehemalige **Mühlenhof** hat sich in den letzten Jahren hingegen in einen **ansehnlichen kleinen Park** verwandelt. Sitzbänke wurden aufgestellt, ein Denkmal für den Danziger Astronomen Johannes Hevelius wurde errichtet und ein Springbrunnen mit einem – etwas kitschigen – nächtlichen Farbenspiel wurde installiert.

⊡ Unauffällig liegt das Altstädtische Rathaus im Grünen. Doch in seinem Inneren birgt es wahre Schätze – ein Besuch lohnt unbedingt!

㉘ Altstädtisches Rathaus (Ratusz Starego Miasta) ★★ [C3]

Prunkvolles Interieur aus schwerem Holz, ein Bier brauender Astronom von Weltruf, klassische Konzerte und dazu noch zeitgenössische Fotoausstellungen: Im Altstädtischen Rathaus geht es betont gelassen zu. Historisches Ambiente und moderne Nutzung passen hier offensichtlich problemlos zusammen.

Als **kubischer Backsteinbau** wurde das Altstädtische Rathaus in den Jahren 1587–1595 nach Plänen des renommierten flämischen Architekten Anton van Obberghen (1543–1661) errichtet. Fast zwei Jahrhunderte lang tagte hier der ehrwürdige Danziger Stadtrat und Richter fällten ihre Urteile. Der **berühmte Astronom Johannes Hevelius** (s. S. 37), selbst einflussreicher Ratsherr, lagerte im Keller sein selbst gebrautes Jopenbier (s. S. 29). Nachdem Danzig jedoch 1793 Teil Preußens wurde, endete die Souveränität der Altstadt und damit auch die ruhmreiche Zeit des Rathauses.

Da das Altstädtische Rathaus **im Zweiten Weltkrieg** wie durch ein Wunder **nicht zerstört** wurde, finden Besucher in dessen Inneren noch heute eine beeindruckende **Reminiszenz an die wohlhabenden Zeiten des Danziger Bürgertums.** Denn viele der dort befindlichen Einrichtungsgegenstände und Kunstwerke wurden im Laufe der Zeit aus zum Abriss freigegebenen Danziger Bürgerhäusern zusammengetragen.

In der **Großen Diele** lassen sich gewichtig verzierte Möbel, eine kunstvoll aus dunklem Holz geschnitzte Arkade und die für Danzig charakteristischen holländischen Fliesen bewundern. Ebenso sehenswert ist der

üppig-bürgerlich eingerichtete **Ehemalige Bürgermeistersaal.**

Repräsentatives Schmuckstück des Rathauses ist jedoch nach wie vor der **Große Saal**, dessen Innenausstattung im Stile der **Neorenaissance** bis in die Gegenwart hinein als Kulisse für Tagungen, Konzerte und Hochzeitsfeiern dient.

Sehenswert sind auch die regelmäßig wechselnden Ausstellungen, die das **Ostsee-Kulturzentrum (Nadbałtyckie Centrum Kultury)** im Erdgeschoss des Altstädtischen Rathauses zeigt.

› ul. Korzenna 33/35, www.nck.org.pl, geöffnet: tgl. 10–18 Uhr, Eintritt: frei, Veranstaltungen des Ostsee-Kulturzentrums kosten extra

29 Europäisches Zentrum der Solidarność – ECS (Europejskie Centrum Solidarności) ★★★ [C1]

Auf dem Gelände der Danziger Werft gründete sich 1980 nach einer Welle von Streiks die Gewerkschaftsbewegung Solidarność. Sie führte den Widerstand gegen das kommunistische Regime in Polen an und errang 1989 bei den ersten halbwegs freien Wahlen nach dem Zweiten Weltkrieg einen überwältigenden Sieg. An historischer Stätte erzählt das Europäische Zentrum der Solidarność (ECS) diese Geschichte in einer beeindruckenden Ausstellung.

Genau 25 Jahre nach der politischen Wende in Polen öffnete im Spätsommer 2014 das ECS seine Türen. Hinter einer Fassade aus rostbraunem Stahl und Glas, die an einen Schiffsrumpf erinnern soll, verbirgt sich ein modernes **multimediales Museum** mit sieben Sälen. Auf der ersten Etage wird von den Streiks des Jahres 1980, dem Alltag in der Volksrepublik Polen, den Hoffnungen der Solidarność-Bewegung und der Unterstützung durch den polnischen Papst Johannes Paul II. berichtet. Im zweiten Stockwerk findet die Erzählung von der Zeit des Kriegsrechts im Jahre 1981, vom langen Weg zur Demokratie und dem Sieg der Freiheit in ganz Europa ihren Platz.

Fotos, historische Dokumente und Erinnerungsgegenstände aus dem

Die Solidarność und der Zerfall des Ostblocks

Wieder einmal waren es Danziger, die ***im Sommer 1980 Geschichte schrieben:*** *Ohne die Auguststreiks und die Gründung der Unabhängigen Selbstverwalteten Gewerkschaft „Solidarność" (polnisch: „Solidarität") wäre wohl nicht nur die polnische, sondern auch die gesamteuropäische Geschichte anders verlaufen.*

Wie auch bei vorherigen ***Protesten*** *hatten sich die Arbeiter der Lenin-Werft* ***gegen irrationale Preiserhöhungen*** *aufgelehnt, die der Sanierung einer bereits stark zerrütteten Wirtschaft dienen sollten. Doch dieses Mal ging es um weit mehr: Die entlassenen Galionsfiguren der damals noch illegalen Gewerkschaft Solidarność, Anna Walentynowicz und Lech Wałęsa (s. Exkurs S. 42), sollten wieder eingestellt, die Löhne erhöht und ein Denkmal für die Opfer des Aufstandes im Dezember 1970 errichtet werden. Dieses Denkmal sollte den Arbeiteraufstand fest im offiziellen polnischen Gedenken verankern.*

Als diese Forderungen erfüllt werden sollten, witterten die Streikenden, die sich auf dem Gelände der Werft ❸❶ *verbarrikadiert hatten und ihren Kampf von einem* ***internationalen Medieninteresse*** *begleitet sahen, die Chance auf mehr. Sie setzten ihren Protest fort und stellten die* ***„21 Forderungen"*** *auf – darunter das Recht auf freie und unabhängige Gewerkschaften, ein Streikrecht, publizistische Meinungsfreiheit, die Entlassung politischer Häftlinge sowie wirtschaftliche Forderungen. Dabei blieben die Proteste friedlich und beeindruckten durch die Solidarität unterschiedlicher Gruppen, z. B. des katholischen Oppositionellen Tadeusz Mazowiecki und der Bürgerrechtsbewegung „Komitee zur Verteidigung der Arbeiter", mit den Streikenden. Die Bilder des* ***blumengeschmückten Werfttores*** *gingen um die Welt.*

Trotz schwieriger Verhandlungen wurde am 31. August das ***Danziger Abkommen unterzeichnet,*** *das den Streik offiziell beendete und die Erfüllung der „21 Forderungen" versprach. Doch am 13. Dezember 1981 kam es zum* ***Staatsstreich:*** *General Jaruzelski rief den Ausnahmezustand aus, in Polen galt nun das* ***Kriegsrecht.*** *Die Solidarność wurde verboten, in den Untergrund gedrängt und schließlich mythisch verklärt.*

Aber das Rad der Geschichte hatte sich bereits zu drehen begonnen. Wiederholt kam es zu ***illegalen Massendemonstrationen;*** *das Ende des Ostblocks schien spürbar und nach dem Machtantritt Michail Gorbatschows fast greifbar. Vorgezogene Neuwahlen in Polen ergaben am 4. Juni 1989 einen überraschend klaren Sieg der Opposition. Mit Lech Wałęsa als neuem Präsidenten und Tadeusz Mazowiecki als Ministerpräsidenten konnte das Land* ***die erste nicht kommunistische Regierung des Ostblocks*** *aufstellen.*

Doch bald nach ihrem fulminanten Sieg ***zerfiel die Solidarność*** *in untereinander rivalisierende Splittergruppen und es machte sich spürbar Ernüchterung breit. Dennoch gilt die Gewerkschaftsbewegung noch immer als Symbol für den erfolgreichen Kampf gegen die kommunistischen Regime in Polen und im gesamten Ostblock – und Danzig als der Ort, „an dem alles seinen Anfang nahm".*

Alltag der Danziger bilden zusammen mit zahlreichen **Zeitzeugenberichten** den Kern der Ausstellung. Ein deutschsprachiger Audioguide führt Besucher durch die einzelnen Säle.

Doch das ECS ist mehr als nur ein Museum: Arbeitsräume, ein Archiv und eine Bibliothek sowie wissenschaftliche Konferenzen, öffentliche Diskussionsrunden und internationale Jugendbegegnungen machen den Ort zu einem Gedenk-, Forschungs- und Kulturzentrum von landesweiter und gesamteuropäischer Bedeutung.

Zwar ist die Ausstellung selbst reichlich patriotisch ausgerichtet: Vom Niedergang der Gewerkschaften und der Werft 31 und manchen nach 1989 zerplatzen Träumen erzählt sie nichts. Auch die Zuspitzung, dass der Sturz des Sozialismus in ganz Europa von Danzig aus betrieben wurde, stellt eine etwas eindimensionale Erklärung für die Umwälzungen auf dem gesamten Kontinent dar. Dennoch sind die Ausstellung und das Museumsgebäude äußerst sehenswert.

Etwa 60 Millionen Euro soll das Bauwerk gekostet haben. Es ist ein architektonisches Meisterwerk entstanden, das allein schon mit seinem lichtdurchfluteten und grün bepflanzten Inneren sowie der wassergefluteten Außenanlage Besucher anlockt.

In Zukunft sollen noch weitere geschichtsträchtige Orte der Solidarność in das Museumskonzept einbezogen werden. Seit Jahren gibt es zudem Pläne, das Werftgelände unter dem Namen **„Jungstadt"** (młode miasto) zu einem neuen Stadtteil nach dem Vorbild der Hamburger Hafencity zu entwickeln. Wie viel dann noch vom ursprünglichen Charakter der Werft erhalten bleibt, ist ungewiss. Die ehemals dort florierende alternative Kunstszene wurde bereits weitestgehend verdrängt.

› **Europäisches Zentrum der Solidarność (Europejskie Centrum Solidarności),** ECS, ul. Doki 1 auf dem Gelände der Danziger Werft, www.ecs.gda.pl, geöffnet: Mai–Sept. tgl. 10–20 Uhr, Okt.–April tgl. 10–18 Uhr. Eintritt: 20 Złoty (erm. 15 Złoty, jeweils inkl. Audioguide auf Deutsch).

30 Denkmal für die gefallenen Werftarbeiter (Pomnik Poległych Stoczniowców) ★ [C1]

Imposant ragt das Denkmal für die gefallenen Werftarbeiter in den Danziger Himmel. Es erinnert an die zahlreichen Toten während des **Aufstands im Dezember 1970**, als es zu Massenprotesten an der Ostsee kam.

Zehn Jahre später gehörte die Errichtung eines Denkmals für die Opfer dieser Unruhen zu den berühmten „21 Forderungen" der **Gewerkschaft Solidarność**, die bald darauf zum Symbol des friedlichen Widerstands gegen die kommunistischen Machthaber in Polen werden sollte.

Der Aufstand vom Dezember 1970 in Danzig, Gdingen und Stettin war einer der frühen Proteste, der die Volksrepublik Polen **an den Rand eines Bürgerkriegs** brachte. Die Obrigkeit begegnete den Unruhen und Massendemonstrationen, in denen Arbeiter ihrem Unmut gegen eine drastische Verteuerung von Alltagsgütern Luft machten, mit einem **massiven Polizei- und Militäraufgebot.** Insgesamt 45 Demonstranten sollen offiziell bei der Niederschlagung des Aufstands ihr Leben verloren haben; die Dunkelziffer liegt jedoch weitaus höher.

Im Dezember 1980 wurde das von Bogdan Pietruszka geschaffene Denkmal errichtet. Über 40 Meter

Die Köpfe der Solidarność

Die einst führenden Köpfe der Gewerkschaftsbewegung hätten unterschiedlicher kaum sein können: Hinter dem strubbeligen, schnauzbärtigen ***Pragmatiker Lech Wałęsa*** *fiel die* ***zierliche Anna Walentynowicz*** *(1929–2010) mit ihrem strengen Dutt und der dicken Brille stets erst auf den zweiten Blick ins Auge. Ähnlich gestalteten sich die spätere politische Ämterverteilung und das Schicksal der beiden Oppositionellen. Während Wałęsa sich kühn über Werfttore schwang,* ***Friedensnobelpreisträger,*** *erster frei gewählter Präsident Polens und schließlich Ehrenbürger Danzigs wurde, saß die* ***international weniger protegierte Walentynowicz*** *in den Nachwehen der Solidarność-Bewegung wiederholt aus politischen Gründen im Gefängnis. Die Ernennung zur Ehrenbürgerin Danzigs sowie eine Ehrenpension lehnte die robuste alte Dame ab; gegen ein unfreiwilliges Porträt in Volker Schlöndorffs Film „Strajk – Die Heldin von Danzig" erhob sie Klage und aus der Solidarność trat sie bereits in den 1980er-Jahren aus. Doch auch der schnauzbärtige Wahl-Danziger Wałęsa steht nicht mehr ungebrochen in der Gunst seiner Bewunderer: Nach der inneren Zerrüttung der Solidarność wurden sogar* ***Gerüchte um eine mögliche Agententätigkeit*** *bei der kommunistischen Geheimpolizei laut. Für homophobe und antisemitische Äußerungen, die nicht recht ins Bild eines Friedensnobelpreisträgers passen wollen, hagelte es immer wieder* ***internationale Kritik.***

Während Wałęsa aus seinem Büro im Europäischen Zentrum der Solidarność **29** *bis heute lautstark das Tagesgeschehen kommentiert, kam Walentynowicz bei der Flugzeugkatastrophe von Smolensk im Jahr 2010 ums Leben. Als* ***politische Kritikerin*** *war sie bis dahin nie verstummt. Im Danziger Stadtteil Langfuhr hat man ihr ein Denkmal gesetzt [bh].*

Symbol des Umbruchs: Eingangstor zur Danziger Werft **31**

106dz: Abb.: mb

streben **drei stählerne Kreuze** empor, an deren Spitze gewaltige Anker aufgehängt sind. Auf einer Gedenkwand seitlich der Kreuze sind die Namen der Toten von 1970 aufgelistet – in unmittelbarer Nähe des berühmten **Werfttores**, das während der Auguststreiks von 1980 vielfach in Fernsehbildern rund um den Globus zu sehen war. Den **Sockel** des Denkmals zieren **mahnende Verse** des polnischen **Literaturnobelpreisträgers Czesław Miłosz** (1911–2004): „Der du dem einfachen Menschen Unrecht getan hast und darüber noch lachst, sei nicht so sicher. Der Dichter merkt es. Du kannst ihn töten – es kommt ein neuer."

› pl. Solidarności, Tram 3, 8, 10 bis „Plac Solidarności"

EXTRATIPP

Bus 100 – entlang den Touristen-Highlights

Mit der Buslinie 100 lassen sich die **zentralen Sehenswürdigkeiten** in Danzigs Recht- und Altstadt bequem ansteuern. Die Strecke führt rund um das historische Zentrum der Stadt mit Haltestellen u.a. am Stockturm 2, nahe dem Langen Markt 7, dem Fischmarkt (s. S. 25) und der Danziger Werft 31.

In der Hauptverkehrszeit fahren die Busse alle 20 Minuten; es gelten die normalen Tickets des Nahverkehrs (s. S. 128). Für all jene, die nicht so gut zu Fuß sind, ist dieser Bus eine wunderbare Neuerung in der Stadt. Aber auch für ein erstes Kennenlernen Danzigs lohnt sich die Rundfahrt.

31 Danziger Werft (Stocznia Gdańska) ★★★ [D1]

Die Silhouetten ihrer Kräne prägen unverwechselbar die Danziger Skyline. Doch auf dem Werftgelände wurde nicht nur über Jahrhunderte hinweg geschraubt und geschweißt, sondern auch Geschichte geschrieben. Bis heute besitzt die Werft große Bedeutung für die Identität der Stadt – wenngleich sich die Art ihrer Nutzung mittlerweile gewandelt hat.

An der jeweiligen **Namensgebung** der Werft lassen sich **historische Etappen** und **ideologische Ausrichtungen** anschaulich ablesen: Gegründet gegen Ende des 19. Jh., begann ihre Geschichte als königliche und später kaiserliche Werft. Zwischen den beiden Weltkriegen hieß sie Danziger Werft. Während des Zweiten Weltkriegs stellte sie die Produktion von einst kaiserlichen Schiffen auf U-Boote um. Nach 1945 wurde ihr Name ins Polnische übersetzt: Die Stocznia Gdańska wandte sich nun wieder dem Schiffsbau zu und ließ als erste Nachkriegsproduktion den **Frachter „Sołdek"** 15 vom Stapel, der heute als **Museumsschiff** auf der Mottlau zu besichtigen ist.

Unter dem Namen **Lenin-Werft**, den die mit der früheren Schichau-Werft zusammengelegte Stocznia Gdańska ab 1967 trug, erreichte sie während der blutigen **Niederschlagung des Arbeiteraufstandes** von 1970 erstmals traurige Berühmtheit. Knapp zehn Jahre später jedoch wurde auf dem Werftgelände eine revolutionäre Erfolgsgeschichte geschrieben: Geprägt durch die Erfahrungen von 1970, gingen die Teilnehmenden der Auguststreiks nicht mehr mit ihren Forderungen auf die Straße, sondern verbarrikadierten sich auf dem schützenden Werftgelände. Hier wurde unter Führung des Elektrikers

042dz Abb.: mb

Lech Wałęsa u. a. die **Gründung freier Gewerkschaften** durchgesetzt und mit dem Aufstieg der Solidarność der Anfang vom Ende des Ostblocks eingeläutet (s. Exkurs S. 40).

So herausragend die Stellung der Werft zu Hochzeiten der Solidarność war, so rasant gestaltete sich ihr **Niedergang nach der politischen Wende** in Polen: Auch als die Werft im Jahre 1990 Lenin aus ihrem Namen strich, konnte sie dem neuen Wettbewerb nicht standhalten. Viele der dortigen Arbeiter verloren ihre Jobs. Heute sind von ehemals 17.000 Angestellten noch 3.000 im Einsatz; auf dem Werftgelände werden statt der großen Fracht- und Passagierschiffe nur noch **kleinere Jachten** gebaut.

Der historische Ort spiegelt bis heute den Wandel und die Umbrüche wider, die Danzigs Geschichte stetig prägten. Allerdings regieren hier nach Sozialismus und Selbstverwaltung nun **Kapitalismus und Gentrifizierung:** Von den vielen Künstlern, die in den Werfthallen erschwingliche Arbeits- und Ausstellungsplätze gefunden hatten, konnte sich nur eine Handvoll auf dem Gelände behaupten. Das Kunstinstitut **Wyspa** („Insel") wurde geschlossen. An seinem Ort ist die Eröffnung eines pompösen **Museums für Moderne Kunst** geplant.

› **Zugang** über das Eingangstor am pl. Solidarności, Tram 3, 8, 10 bis „Plac Solidarności", Bus 100 oder vom Hauptbahnhof (s. S. 108) zum weithin sichtbaren grünen Hochhaus gehen. Von dort gelangt man über die Straße Wały Piastowskie zum Eingangstor der Werft.

Sie prägen unverwechselbar die Skyline der Stadt: die Kräne der berühmten Danziger Werft

Erlebenswertes westlich und südlich des Zentrums

Auch rund um Danzigs historisches Zentrum lassen sich einige interessante Ort entdecken. So erzählt der Friedhof der nicht existierenden Friedhöfe 32 vom inzwischen offenen Umgang der Danziger mit der deutschen Vergangenheit der Stadt. Das Nationalmuseum 34 in der Niederstadt zeigt in Gemälden die Geschichte Danzigs. Und nach einem kurzen Spaziergang lässt sich vom Hagelsberg 33 aus die ganze Stadt überblicken. Weit ist es auch zu den Sehenswürdigkeiten um das Stadtzentrum nicht: Sie lassen sich alle gut zu Fuß erreichen.

32 Friedhof der nicht existierenden Friedhöfe (Cmentarz Nieistniejących Cmentarzy) ★ [B2]

Ein Friedhof für Friedhöfe? Das mag zunächst seltsam klingen, ist es aber eingedenk der wechselhaften Danziger Geschichte keineswegs. Im Laufe der Zeit wurden in der Stadt 27 Friedhöfe verschiedener Religionsgemeinschaften eingeebnet. Insbesondere als nach dem Zweiten Weltkrieg die Bevölkerung von Danzig nahezu komplett ausgetauscht wurde, **verwilderten viele Gottesacker.** Sie wurden nicht mehr gebraucht, selten gepflegt und schließlich in den ersten drei Nachkriegsjahrzehnten **planiert, bebaut oder in Parkanlagen umgewandelt.**

Längst aber setzen sich die Danziger mit der Geschichte ihrer Stadt vor dem Zweiten Weltkrieg auseinander. Um an all jene zu erinnern, die einst in der Stadt lebten und starben, wurde im Jahr 2002 der „Friedhof der nicht existierenden Friedhöfe" eingeweiht. Ein **Opferaltar** in Form eines steinernen Sargs wurde **aus Fragmenten alter Grabsteine** errichtet, große Grabplatten erinnern symbolisch an die im Stadtbild nicht mehr existierenden Friedhöfe. Gewidmet ist der Gedenkort „Den Hunderttausend, die kein Grabstein nennt und die nur Gott allein beim Namen kennt".

› ul. 3 Maja (am Ausgang des Tunnels vom Hauptbahnhof (s. S. 108) zum Busbahnhof ca. 150 Meter nach rechts gehen)

33 Hagelsberg (Góra Gradowa) ★★ [B2]

Weithin sichtbar erhebt sich der Hagelsberg nordwestlich der Danziger Altstadt. Er wird von einem monumentalen rostroten Gebilde gekrönt – dem Millenniumskreuz. Über viele Jahrhunderte hinweg diente der Hagelsberg als Festungsanlage. Heute sind in den renovierten Kasematten die sehenswerten historischen Ausstellungen und interaktiven physikalisch-mathematischen Experimente des Centrum Hewelianum untergebracht. Ein lohnendes Ziel für Groß und Klein – allein schon des Ausblicks wegen!

Der etwas anstrengende Aufstieg auf den Hagelsberg wird mit einem weiten **Blick auf Recht- und Altstadt** sowie die stählernen **Kräne der Danziger Werft** 31 entlohnt. Das Millenniumskreuz – aufgestellt im Jahr 1997 – erinnert an die über tausendjährige Geschichte der Stadt, die erstmals im Jahr 997 vom Missionar und Bischof Adalbert von Prag als „Gyddanzyc" erwähnt wurde.

In den Kasematten auf dem Hagelsberg berichtet eine **frei zugängliche Ausstellung** von der 400-jährigen Militärgeschichte des Forts Hagelsberg. Anschaulich erzählt sie von den drei Belagerungen Danzigs (1734 durch Russen und Sachsen, 1807 durch Franzosen und 1813 durch Russen und Preußen).

Friedlicheren Themen widmen sich die **interaktiven Ausstellungen für Kinder** in den massiv gemauerten Verteidigungsgängen der Festungsanlage. Viel Spaß bereiten die vielen faszinierenden Experimente im **„Energie-Labor"**. Spielerisch taucht man in die Geheimnisse der Energieumwandlung ein, simuliert die Auswirkungen von Tsunamiwellen oder bestaunt die Schwingungen des Newton-Pendels. (Die physikalischen Formeln werden mitgeliefert und können Eltern ungemeine Freude beim Erklären bereiten!) Daneben gibt es eine moderne Ausstellung zu erneuerbaren Energien, dreidimensionale mathematische Puzzles und eine spielerische Reise um die Welt zu entdecken.

› **Centrum Hewelianum,** ul. Gradowa 6 (hinter dem Friedhof der nicht existierenden Friedhöfe 32 durch den Park und der Straße nach links bergauf folgen), www.hewelianum.pl. geöffnet: Di.–Fr. 8.30–15.30, Sa./So. 10–17 Uhr, Eintritt: 15 Złoty (erm. 10 Złoty)

044dz Abb.: mb

Symbol der Geschichte: das Millenniumskreuz auf dem Hagelsberg

34 Nationalmuseum (Muzeum Narodowe) ★ [C6]

Unweit der Rechtstadt in einem imposanten Backsteinbau befindet sich das Nationalmuseum Danzigs. Es beherbergt die Abteilung für Alte Kunst, die Hauptausstellung des Nationalmuseums. Größter Schatz der Sammlung ist das wohl bedeutendste Gemälde der Stadt.

Der ganze Stolz der Danziger ist das dreigeteilte **Altarbild „Das Jüngste Gericht"** des deutsch-flämischen Malers **Hans Memling** (um 1430/40–1494). Es zeigt, geschützt hinter einer Glaswand, die Aufnahme der Glückseligen ins himmlische Paradies und die Höllenfahrt der Ver-

„Das Jüngste Gericht“

Hans Memlings dreiteiliges Altarbild *„Das Jüngste Gericht“ ist ein Meisterwerk. Nicht weniger spektakulär mutet auch die* ***abenteuerliche Geschichte*** *des vor mehr als einem halben Jahrtausend erschaffenen Gemäldes an.*

Memling malte es ***im Auftrag des florentinischen Bänkers Angelo di Jacopo Tani*** *(1415–1492), der mit dem Triptychon einen Altar schmücken wollte, der ihm in einer von den Medicis erbauten Kirche nahe Florenz zugeteilt worden war. Doch das Altarbild kam dort nie an: Auf dem Schiffsweg sollte es 1473 vom flämischen Sluis über England nach Florenz gebracht werden. Zu jener Zeit herrschte Krieg zwischen der Hanse und England. Und als die unter neutraler Flagge von Burgund segelnde Galeone versuchte, England anzulaufen,* ***kaperte der Danziger Freibeuter Paul Benecke das Handelsschiff.*** *Hocherfreut über die reiche Beute schenkte er das prächtige Altarbild seiner Heimatstadt. Proteste von Karl dem Kühnen, der Herzog von Burgund war, und selbst eine Bulle des Papstes aus Rom halfen nichts – das Triptychon kam in die Danziger* ***Marienkirche*** *16.*

Immer wieder erweckte Memlings Altarbild im Laufe der Geschichte das ***Interesse fremder Herrscher:*** *Rudolf II. (1552–1612), Kaiser des Heiligen Römischen Reiches Deutscher Nation, wollte es für viele Tausend Taler kaufen – vergeblich. Zar Peter I. (1672–1725) verlangte das Gemälde samt hoher Reparationszahlungen für den Großen Nordischen Krieg, doch die Danziger gaben ihr Altarbild nicht her. Erst als die Stadt 1807 von Napoleonischen Truppen besetzt war, wurde das Bild aus der Marienkirche in den* ***Pariser Louvre*** *gebracht. Nach der endgültigen Niederlage des französischen Kaisers schafften preußische Truppen das Altargemälde 1815* ***nach Berlin.*** *Zwei Jahre später gab es der Preußische König an Danzig zurück.*

Doch das begehrte Werk sollte noch einmal – durch ***Kriegswirren*** *bedingt –* ***auf Reisen gehen.*** *Während des Zweiten Weltkriegs evakuierte man das Gemälde nach Thüringen, wo es von Soldaten der Roten Armee gefunden und* ***nach Leningrad gebracht*** *wurde. Dort stellte die* ***Eremitage*** *das Triptychon aus, bis man es 1956 an Polen zurückgab. Nach einer kurzen Präsentation in Warschau fand das Altarbild des Jüngsten Gerichts schließlich seinen Weg zurück nach Danzig – wo es allerdings nicht mehr in der Marienkirche, sondern im Hauptgebäude des* ***Nationalmuseums*** *34 gezeigt wird. In der* ***Marienkirche*** *16 hängt heute eine* ***Kopie des Meisterwerks.***

069dz

Die Mitteltafel des dreigeteilten Gemäldes mit bewegter Geschichte dammten. Seine Faszination aber verdankt das Triptychon nicht zuletzt seiner abenteuerlichen Vergangenheit (s. Exkurs S. 47).

Daneben zeigt die Abteilung für Alte Kunst (Oddział Sztuki Dawnej) viele andere **Gemälde flämischer und holländischer Maler** aus dem 15. bis 18. Jahrhundert. Besonderen Eindruck hinterlassen die **historischen Darstellungen Danzigs,** die die Stadt in einer Zeit zeigen, als noch weit mehr Beischläge (s. S. 23) die Straßen säumten, Schutzwälle die Stadt umschirmten und die Stadtmauer noch nicht niedergerissen war. Sehenswert ist auch die große Ausstellung von **Porzellan** aus der Zeit vom 15. bis zum 20. Jahrhundert.

Grundlage der heutigen Ausstellungen sind die **Exponate des ehemaligen Stadt- und Kunstgewerbemuseums,** die vor dem Zweiten Weltkrieg im früheren Franziskanerkloster gezeigt worden waren. Allerdings gingen durch die Zerstörungen in den letzten Kriegstagen und den Abtransport von Beutekunst durch die sowjetische Armee etwa die Hälfte der Ausstellungsstücke verloren.

Neben der Abteilung für Alte Kunst gehört eine ganze Reihe weiterer Dependancen zum Nationalmuseum, die in der gesamten Stadt verteilt sind (s. S. 65).

› ul. Toruńska 1, www.mng.gda.pl, geöffnet: Mai–Sept. Di.–So. 10–17 Uhr (Juni–Aug. Do. 12–19 Uhr), Okt.–April Di.–Fr. 9–16, Sa./So. 10–17 Uhr, Eintritt: 10 Złoty (erm. 6 Złoty), jeden Fr. Eintritt frei

☒ *Oskar trommelt – kritisch beäugt von seinem Schöpfer*

Unterwegs in Danzigs Vororten

Ein Ausflug in Danzigs Vororte lässt Besucher in ganz unterschiedliche Welten und Zeiten eintauchen: Beim Flanieren durch den Schlosspark von Oliva fühlt man sich wie in ein anderes Jahrhundert versetzt. Ein Spaziergang auf den Spuren des Literaturnobelpreisträgers Günter Grass dagegen macht das aufstrebende Viertel Langfuhr (Wrzeszcz) zum Erlebnis, während eine Entdeckungsreise auf den Spuren der Danziger Juden an die düstersten Zeiten des 20. Jahrhunderts erinnert. Der gigantische Wellen-Plattenbau Falowiec verkörpert realsozialistische Zukunftsvisionen und das zur Europameisterschaft 2012 eröffnete Stadion ist nicht nur für Fußballfans sehenswert.

35 Elternhaus von Günter Grass (Dom Güntera Grassa) ★ [bh]

Der **Labesweg (Ulica Lelewela)** im **Stadtteil Langfuhr (Wrzeszcz)** ist untrennbar mit einem **bedeutenden Sohn Danzigs** verbunden: **Günter Grass** verbrachte seine Kindheitsjahre in dem unscheinbaren Mietshaus mit der Nr. 13, wo seine Eltern ab Ende der 1920er-Jahre eine Zweizimmerwohnung mit Toilette auf dem Gang bewohnten und einen kleinen **Kolonialwarenladen** betrieben. Auch seine Romanfigur Oskar Matzerath aus „Die Blechtrommel" ließ Grass in dem Haus mit der kürzlich schick renovierten Fassade aufwachsen.

„Langfuhr war so groß und so klein, dass alles, was sich auf dieser Welt ereignet oder ereignen könnte, sich auch in Langfuhr ereignete oder hätte ereignen können", schreibt Grass

117dz Abb.: ab

in seinem Roman „Hundejahre“. Wer heute durch den Labesweg und die umliegenden Straßen spaziert, verspürt noch deutlich den Beigeschmack jener Kleinbürgerlichkeit, die der Schriftsteller in seinem autobiografischen Werk „Beim Häuten der Zwiebel“ beschrieben hat. Dennoch hat das **etwas morbide Viertel** seinen **eigenen Charme** – besonders wenn die Sonne auf die leeren Straßen, den vielfach geflickten Asphalt und den bröckelnden Hausputz scheint.

Während eines **Spaziergangs durch Langfuhr** kann man sich **„Auf den Spuren von Günter Grass“** und seinen Romanfiguren bewegen. Große Schilder informieren über einzelne Stationen. So lernt man z. B. die **Pestalozzi-Schule** (Ulica Pestalozziego 7/9) kennen, die Oskar Matzerath aus „Die Blechtrommel“ nur einen einzigen Tag lang mit seiner Anwesenheit beehrte. Am ehemaligen **Neuen Markt (Plac Wybickiego)** sitzt der kleinwüchsige Sonderling in Gestalt einer von Sławoj Ostrowski geschaffenen **Bronzefigur** verträumt auf einer Parkbank.

Zu Lebzeiten hatte der gelernte Steinmetz Grass vehement dagegen protestiert, dass die Danziger auch ihm dort ein Denkmal setzen wollten. Da solle man das Geld doch lieber für den Einbau von Toiletten in die Wohnungen seines ehemaligen Elternhauses verwenden und diese dann seinetwegen nach ihm benennen, hatte der Literaturnobelpreisträger gepoltert. Nach seinem Tod wurde eine **Bronzeskulptur** geschaffen, die heute, die Pfeife lässig in der Hand haltend, neben dem kleinen Oskar auf jener Parkbank sitzt.

› ul. Lelewela 13, Stadtteil Wrzeszcz, Tram 2, 8 bis „pl. Komorowskiego“

36 Neue Synagoge (Nowa Synagoga we Wrzeszczu) ★ [ah]

Die Neue Synagoge in Langfuhr (Nowa Synagoga we Wrzeszczu) ist das Zentrum der etwa 100 Mitglieder zählenden „Unabhängigen Gemeinde Jüdischen Bekenntnisses“ in Danzig. Als einziges jüdisches Gotteshaus der Stadt überstand es die Naziherrschaft. Von den Schre-

Jüdische Spuren in Danzig

Im Vergleich zu anderen Städten in Polen war Danzig zwar ***nie eine Hochburg jüdischen Lebens*** *– zu lange war der Zuzug von Juden verboten oder einem strikten Reglement unterworfen. Im 19. Jahrhundert ließen sich jedoch einige* ***jüdische Kaufleute*** *vor allem in der* ***Breitgasse (Ulica Szeroka)*** *und in den* ***Danziger Vororten*** *nieder. Einige wenige Spuren der kleinen jüdischen Gemeinde von einst gibt es noch immer in der Stadt an der Mottlau.*

Bei der Ankunft an ***Danzigs Hauptbahnhof*** *(Gdańsk Główny, s. S. 108) fällt Besuchern vielleicht als Erstes eine* ***Skulpturengruppe reisender Kinder*** *ins Auge. Das Denkmal erinnert an eine dramatische Rettungsaktion der jüdischen Gemeinde in Danzig. In* ***drei Kindertransporten*** *schickten Eltern ihre Sprösslinge mit dem Zug nach England, um sie vor den Nazis in Sicherheit zu bringen. Etwa 100 Kinder aus jüdischen Familien konnten so gerettet werden. Ihre Eltern sahen die meisten von ihnen allerdings nie wieder. Eines dieser geretteten Danziger Kinder war der israelische Bildhauer Frank Meisler, der das 2009 errichtete Denkmal vor dem Hauptbahnhof entworfen hat.*

Weniger zentral liegt der ***Jüdische Friedhof in Stolzenberg*** *(Cmentarz żydowski na Chełmie), der erstmals 1694 erwähnt wurde. Er überstand den Zweiten Weltkrieg ohne größere Schäden und wurde erst 1956 geschlossen. In den darauffolgenden Jahrzehnten verfiel der Friedhof. Die Menschen nutzten die Grabsteine zum Bau von Häusern, Treppen und Gehwegen. Erst 2007 wurde der Jüdische Friedhof in Stolzenberg restauriert.*

Kaum noch Spuren gibt es von der ***Großen Synagoge (Wielka Synagoga)****, dem einstigen Stolz der jüdischen Gemeinde in Danzig. Das in den Jahren 1885–1887 erbaute jüdische Gotteshaus musste unter dem Druck der Nationalsozialisten verkauft werden. Nach dem letzten Gottesdienst am 15. April 1939 wurde es abgerissen. Lange war das Gelände am Rande der Rechtstadt unbebaut, bis dort 2014 das* ***Shakespeare-Theater*** *22 eröffnet wurde. Teilweise lässt sich der Umriss der Großen Synagoge anhand dunkler Pflastersteine auf dem Gehweg heute wieder nachvollziehen.*

Auf der Frischen Nehrung etwa 50 km östlich von Danzig liegt, umgeben von Kiefernwäldern, das ***Dorf Stutthof (Sztutowo)****. Während des Zweiten Weltkriegs litten im dortigen* ***Konzentrationslager*** *fast 120.000 Menschen – über die Hälfte von ihnen fand den Tod. Unter ihnen waren sowjetische Kriegsgefangene, polnische Häftlinge, Juden aus dem Reichsgau Danzig-Westpreußen und jüdische Gefangene aus anderen Konzentrationslagern. Ab Mitte 1944 wurde der Massenmord an den europäischen Juden im KZ Stutthof forciert. Mehr als 28.000 wurden im Lager ermordet.*

- **1** *[ck]* ***Jüdischer Friedhof in Stolzenberg (Cmentarz żydowski na Chełmie)****, ul. Cmentarna, Bus 108 vom Hauptbahnhof bis „Cmentarna“*
- **2** ***Museum Stutthof (Muzeum Stutthof w Sztutowie)****, ul. Muzealna 6, Sztutowo, Anfahrt vom Danziger Busbahnhof (PKS) nach Sztutowo (Fahrzeit etwa 1 Std.), www.stutthof.org, geöffnet: Mai–Sept. tgl. 8–18 Uhr, Okt.–April tgl. 8–15 Uhr, Eintritt: frei*

046dz Abb.: mb

cken dieser Zeit erzählt eine kleine Ausstellung in der Synagoge, die mit vielen Fotos und Alltagsgegenständen die Geschichte der Danziger Juden (s. Exkurs S. 50) dokumentiert.

Feierlich eingeweiht wurde die Neue Synagoge im Jahre 1927. Damals wuchs die jüdische Gemeinde in Danzig rasch, weil immer mehr **Juden aus Russland und Polen** in die Stadt zogen. Da diese sich jedoch nicht der Reformbewegung im Danziger Judentum anschließen wollten, bauten sie in Langfuhr ihr eigenes **orthodoxes Gotteshaus.**

Im **November 1938** wurde es **geschändet**, wenige Monate später musste es verkauft werden, um mit dem Erlös die Emigration von Juden aus Danzig zu finanzieren. Während des Zweiten Weltkriegs diente die Synagoge als **Möbellager**, danach wurde das Gebäude über viele Jahrzehnte hinweg als **Musikschule** genutzt. Seit wenigen Jahren ist die Neue Synagoge wieder vollständig im Besitz der jüdischen Gemeinde, die große Pläne schmiedet: Ein **Café-Restaurant** soll bald das Gemeindeleben in Schwung bringen.

Für Besucher besonders sehenswert ist die **englischsprachige Ausstellung zur Geschichte der Danziger Juden.** Sie berichtet chronologisch über das jüdische Leben in Danzig, das seine Blütezeit Anfang der 1930er-Jahre hatte, als etwa 6000 Juden in der Stadt lebten und es sogar ein jüdisches Theater gab.

› ul. Partyzantów 7, Stadtteil Wrzeszcz, Tram 5, 6, 9, 11, 12 bis „Jaśkowa Dolina“, SKM bis „Wrzeszcz“

37 Stadion Energa Gdańsk ★ [cg]

Es glänzt **wie ein riesiger Bernstein** in der Sonne: das **Fußballstadion Energa Gdańsk.** Für gut 42.000 Zuschauer zur Fußballeuropameisterschaft in Polen und der Ukraine im Jahr 2012 erbaut, ist das Stadion heute **Heimstätte des Fußballklubs „Lechia Gdańsk“.** Obwohl der Verein in seiner Geschichte kaum große Erfolge feiern konnte, haben sich zumindest die An-

Danzigs Fußballpalast: das Stadion Energa Gdańsk (ehemalig PGE Arena) hänger von Lechia einen Namen gemacht. In den **1980er-Jahren** zeigten die Fans der Grün-Weißen bei jedem Spiel im alten Stadion an der Traugutta ihre **Unterstützung für die verbotene Solidarność.** Sie feierten Lech Wałęsa (s. Exkurs S. 42), skandierten regelmäßig antikommunistische Losungen und hängten Transparente zur Unterstützung der unabhängigen Gewerkschaft auf. Noch heute sind viele der Ultras von Lechia Gdańsk besessen vom Antikommunismus und gehören zum harten Kern der Nationalkonservativen in Polen. Und auch wenn der Fußball von Lechia noch nicht Weltklasse ist, lohnt sich ein Besuch im wohl schönsten Stadion Polens allemal.

› ul. Pokoleń Lechii Gdańsk 1, Stadtteil Letnica, Tram 3, 7, 8, 10 bis „Stadion Energa Gdańsk", www.stadionenerga.pl, Stadionbesichtigung: Di.–So. 10–17 Uhr zu jeder vollen Stunde, am Tag u. Vortag von Veranstaltungen geschl., Eintritt: 16 Złoty (erm. 11 Złoty)

38 Leuchtturm von Neufahrwasser (Latarnia Morska w Nowym Porcie) ★ [df]

Der Leuchtturm in Danzig-Neufahrwasser (Nowy Port) ist ein **Aussichtspunkt par excellence:** Von der Spitze des Turmes schweift der Blick weit über die bläulich schimmernde Danziger Bucht, bei sonnigem Wetter sogar bis zur Halbinsel Hela [S. 143]; man sieht die Halbinsel Westerplatte 39, den Hafen und das goldgelb leuchtende Fußballstadion der Stadt, das Stadion Energa Gdańsk 37.

Errichtet wurde der Leuchtturm von Neufahrwasser 1894 als **Nachbildung eines Leuchtturms im nordamerikanischen Cleveland.** Bis ins Jahr 1984 diente er den Schiffen in der Danziger Bucht als Orientierungspunkt in der Nacht. In die Weltgeschichte aber ging er am **Morgen des 1. September 1939** ein: Von seinen Fenstern aus und vom nahe liegenden Panzerschiff „Schleswig Holstein" wurde der polnische Militärposten auf der Westerplatte beschossen – der Zweite Weltkrieg begann. Wundersamerweise überstand der Leuchtturm den Krieg fast unbeschadet.

Für Technikfreunde ist der historische Leuchtturm besonders sehenswert, denn als einer von wenigen weltweit besitzt er seit einigen Jahren wieder einen **Zeitball.** Dieser diente den Schiffskapitänen früher dazu, **sekundengenau die Uhrzeit zu ermitteln.** Denn nur mit einer exakten Zeit konnten der Längengrad und damit die genaue Position des Schiffes bestimmt werden. Schon eine Ungenauigkeit von einer Sekunde führte zu Abweichungen von mehreren Hundert Metern. Jeden Tag kurz vor Mittag wurde deshalb der Zeitball per Hand an einem Mast nach oben gezogen. Ein telegrafisches Signal aus der Königlichen Sternwarte Berlin löste Punkt 12 Uhr den weithin zu beobachtenden Fall des Zeitballs aus. Erst 1929 wurde diese Methode der Zeitermittlung in Danzig durch Radiosignale ersetzt.

› ul. Przemysłowa 6 A, Stadtteil Nowy Port, Tram 5 bis „Latarnia Morska", Wasser-Straßenbahn F 5 bis „Latarnia Morska", www.latarnia.gda.pl, geöffnet: Juli/Aug. tgl. 10–19 Uhr, Mai/Juni/Sept. oft nur Sa./So. 10–19 Uhr, Okt.–April geschl., Fall des Zeitballs: tgl. 12, 14, 16 u. 18 Uhr, Eintritt: 8 Złoty (erm. 5 Złoty)

Das Denkmal der Verteidiger der Westerplatte aus den 1960er-Jahren

39 Westerplatte ★★★ [df]

Die Halbinsel Westerplatte hat sich tief in das historische Gedächtnis Polens eingeschrieben – als der Ort, an dem am 1. September 1939 der Zweite Weltkrieg seinen Anfang nahm. Ein beeindruckendes Denkmal sowie eine Freilichtausstellung machen die Westerplatte heute zu einem der wichtigsten Orte des polnischen Gedenkens.

Dabei hatte die Geschichte der Westerplatte einmal äußerst unblutig begonnen: Die Sandbank, die sich durch die Strömungen von Weichsel und Ostsee gebildet hatte, war bereits im 17. Jahrhundert ein **beliebter Kurort und Badestrand.**

Im Jahr 1924 war sie Polen durch den Völkerbund mit einer Besatzung von maximal 88 Mann als Munitionslager zugesprochen worden. Als sich die **Angst vor einem deutschen Angriff** immer mehr breit machte, erhöhte man diese Zahl heimlich auf 182 Soldaten, welche die Halbinsel im Ernstfall verteidigen sollten. Am 1. September 1939 schließlich begann um 4.45 Uhr mit dem Beschuss polnischer Stellungen durch das deutsche Panzerschiff „Schleswig-Holstein" der Zweite Weltkrieg.

Der daran anschließende Kampf zog sich trotz einer vielfachen Übermacht der deutschen Streitkräfte (das Verhältnis war etwa 15 zu 300) über ganze sieben Tage hin, bevor der befehlshabende polnische Major Henryk Sucharski (1898–1946) die Ausweglosigkeit seiner Situation einsehen und kapitulieren musste. Somit wurde die Westerplatte nicht nur ein **Symbol für den Beginn des Zweiten Weltkriegs**, sondern – genau wie die Verteidigung der Polnischen Post 24 – zum **Sinnbild** eines ausweglosen, aber erbitterten **Widerstandes der Polen gegen die Nationalsozialisten.**

047dz Abb.: mb

Ein monumentales, 25 Meter hohes **Denkmal der Verteidiger der Westerplatte** erinnert seit 1966 an die ersten sieben Kriegstage. Fünf Jahre später wurde auch die Asche Henryk Sucharskis aus Italien überführt und feierlich auf der Westerplatte beigesetzt. Das Denkmal der Verteidiger der Westerplatte ist nicht nur ein imposantes Mahnmal, man hat von der Anhöhe zudem eine wunderbare Sicht auf die Umgebung und die gesamte Danziger Bucht.

In der **Wache Nr. 1 (Wartownia Nr 1)**, dem einzigen übrig gebliebenen Gebäude des ehemaligen polnischen Militärpostens, befindet sich heute ein **kleines Museum**, das Besuchern die Verteidigung der Halbinsel nahebringt. Auch frei stehende Tafeln geben in englischer und polnischer Sprache Auskunft über die bewegte Geschichte des Ortes. Die **Freilichtausstellung** wurde am 1. September 2009 eröffnet und beschreibt die Gesamtgeschichte der Westerplatte als Kurort, Festung und Symbol.

› **Wartownia Nr 1 na Westerplatte,** ul. Mjr. H. Sucharskiego, Bus 106, 138, 606 (im Sommer) bis „Westerplatte", Wasser-Straßenbahn F5 bis „Westerplatte", geöffnet: Mai und Sept. tgl. 9–16 Uhr, Juni–Aug. tgl. 9–18 Uhr, geschl.: Okt.–April, Eintritt: 5 Złoty (erm. 3 Złoty)

40 Festung Weichselmünde (Twierdza Wisłoujście) ★ [eg]

Einst war sie **eines der wichtigsten Bollwerke** für den **Schutz der Stadt Danzig:** die Festung Weichselmünde. Strategisch günstig nahe der Weichselmündung gelegen, konnte kein Schiff die Festungsanlage ohne Erlaubnis passieren, in Danzig einlaufen oder von dort in See stechen. Bereits im 14. Jahrhundert wurde durch den **Deutschen Orden** an dieser Stelle eine hölzerne Befestigung errichtet. Im Jahre 1482 baute man einen zylinderförmigen Wach- und Leuchtturm aus Backstein, keine Hundert Jahre später wurde er bereits von einem dreistöckigen, **kreisrunden Festungskranz** umschlossen. Um Turm und Kranz herum wurde zudem ein massives **quadratisches Fort mit vier Bastionen** gemauert, das von einem **Festungsgraben** umgeben ist.

Über Jahrhunderte hinweg spielte die Festung Weichselmündung in den kriegerischen Konflikten um Danzig eine herausragende Rolle. Im Ersten und Zweiten Weltkrieg aber kam ihr schon keine militärische Bedeutung mehr zu, da die Weichsel im 19. Jahrhundert ihren Lauf geändert hatte. Dennoch wurde die Festung **1945 bei Kampfhandlungen schwer beschädigt.** Ein herbstlicher Sturm gab den Ruinen 1953 schließlich den Rest: Große Teile des Turmes stürzten ein, genauso wie die meisten der noch stehenden Offiziershäuser. Erst spät beschloss man den **Wiederaufbau** der Festung Weichselmünde und noch bis zur Jahrtausendwende galt sie als eines der einhundert meistgefährdeten Kulturdenkmäler weltweit. Inzwischen ist das Fort weitgehend restauriert.

› ul. Stara Twierdza 1, Bus 106, 138, 606 (im Sommer) bis „Twierdza Wisłoujście", Wasser-Straßenbahn F5 bis „Twierdza Wisłoujście", www.mhmg.gda.pl, geöffnet: Mai u. Sept. tgl. 9–16 Uhr, Juni–Aug. tgl. 9–18 Uhr, geschl.: Okt.–April Eintritt: 12 Złoty (erm. 6 Złoty), Mo. frei inkl. polnischer Führung, deutsche Führungen einige Tage vorher buchen

41 Plattenbau Falowiec ★ [af]

Nur wenige Hundert Meter vom Ostseestrand entfernt erstreckt sich im Danziger Stadtteil Przymorze ein **wellenförmiger Plattenbau gigantischen Ausmaßes.** Der **Falowiec** („**Wellenblock**") ist gut 850 Meter lang, ragt 32 Meter in die Höhe und bietet in seinen fast 1800 Wohnungen etwa 6000 Menschen ein Zuhause. Der Wohnblock ist **eine kleine Stadt für sich.** Im Erdgeschoss befinden sich einige winzige Läden und Kioske. Die Post beschäftigt vier Boten, deren einzige Aufgabe es ist, im Falowiec die Briefe zu verteilen. Größere Wohnhäuser als den Falowiec gibt es in Europa nur in Wien und Rom.

048dz Abb.: mb

Erbaut wurde der riesige Plattenbau, der in Danzig noch einige kleinere Brüder hat, **in den Jahren 1970–1973.** Damals war Wohnraum in der Stadt knapp, weshalb in kurzer Bauzeit große Wohnblöcke hochgezogen wurden. Typisch für den „Wellenblock" ist, dass man die meist kleinen Wohnungen über einen langen Balkon betritt, der die einzelnen Treppenaufgänge miteinander verbindet.

Die **Meinungen der Danziger** über den größten Plattenbau Polens **sind geteilt.** Für die einen ist er ein hässliches, anonymes Bauwerk und Sinnbild der verhassten kommunistischen Zeit. Für andere ist er ein lieb gewonnenes Zuhause nah am Meer, das als Baudenkmal geschützt werden sollte.

› ul. Obrońcow Wybrzeża 4/10, Stadtteil Przymorze, Tram 2, 8, 11 bis „Chłopska – Obrońców Wybrzeża"

Idylle im Schlosspark von Oliva: die Abteilung für Moderne Kunst des Nationalmuseums (s. S. 66)

42 Schlosspark von Oliva (Park Oliwski) ★★ [S. 143]

Im 11,3 Hektar großen Schlosspark von Oliva lässt es sich vor malerischer Kulisse **nach Herzenslust flanieren.** Die ursprünglich zum Besitz des nahe gelegenen Klosters gehörende Anlage wurde im 18. und 19. Jahrhundert von Olivaer Äbten gestaltet und umfasst neben einem botanischen und ausgedehnten französischen Garten auch englische Stilelemente. Im Jahre 1956 erhielt der Schlosspark zu Ehren des berühmten polnischen Nationaldichters den **Beinamen „Adam-Mickiewicz-Park".** Heute atmet die hübsche Grünanlage, die eine Spur vernachlässigt wirken mag, immer noch den Geist vergangener Zeiten und ist nach wie vor ein **beliebtes Ausflugsziel** für Familien und Verliebte. Ferner beherbergt der Park die **Abteilung für Ethnografie** (s. S. 65) sowie die **Abteilung für Moderne Kunst** (s. S. 66) des Nationalmuseums. Eine besondere Attraktion sind seine berühmten **Flüstergrotten**, die zwar nicht wirklich über-

049dz Abb.: mb

KLEINE PAUSE

Frisch gemahlener Kaffee

Im winzigen **Flemming Cafe** (s. S. 76) im Stadtteil Oliva lässt sich vor der Rückfahrt in die Innenstadt noch einmal so richtig schön **Energie tanken.** Das unscheinbare Lädchen bietet nur wenigen Gästen Platz, denn es dient in erster Linie dem **Verkauf erlesener Kaffeesorten.** So kann man sich bei einem aromatischen Cappuccino gleich noch stressfrei mit Mitbringseln eindecken.

zeugend funktionieren, aber auch im Zeitalter mobiler Kommunikation noch immer sehr viel Spaß bereiten.

› ul. Rybińskiego, Stadtteil Oliwa, Tram 2, 6, 11, 12 bis „Oliwa", SKM bis „Oliwa", geöffnet: Mai–Sept. tgl. 5–23 Uhr, Okt.–April tgl. 5–20 Uhr

Der Dom zu Oliva – eine der wichtigsten Kirchen der Stadt

43 Dom zu Oliva (Katedra w Oliwie) ★★★ [S. 143]

Der Besuch des Doms zu Oliva verspricht nicht nur einen entspannten Abstecher in die Atmosphäre längst vergangener Tage, sondern noch dazu einen imposanten Augen- und Ohrenschmaus. Denn das architektonisch beeindruckende Gebäude wird durch den Klang einer wuchtigen barocken Orgel ausgefüllt, die vor den Augen ihrer Zuhörer wie von Zauberhand zu Leben erwacht – und vielen von ihnen wohl unvergesslich bleibt.

Der heutige Danziger **Stadtteil Oliva (Oliwa)** gehört erst seit 1926 offiziell zur Stadt an der Mottlau. Damals unterschied sich sein ruhiges, religiös geprägtes Leben noch stark von dem in der aufstrebenden Handelsmetropole. Diese Atmosphäre vergangener Tage ist auch heute noch spürbar: Direkt neben dem ehemaligen katholischen Kloster liegt der schon von außen sehr beeindruckende Dom zu Oliva mit seinen **zwei schmalen Türmen** aus rotem Backstein. Seine größte Attraktion ist – neben dem eindrucksvollen **barocken Hauptaltar** – eine große Orgel aus dem späten 18. Jh.

Die **Inneneinrichtung** des Doms fasziniert außerdem durch Arbeiten des Barockmalers Andreas Stech (1635–1697) und des Bildhauers Andreas Schlüter (um 1659–um 1714) sowie ein Grabmal der Fürsten von Pommern. Ursprünglich von den **Zisterziensermönchen** Ende des 12. Jahrhunderts begründet, hat der Dom zu Oliva in seiner heutigen Form die Kriegsjahre fast unbeschadet überstanden und wird gegenwärtig durch eine **katholische Kirchengemeinde** genutzt.

Die **imposante Orgel** mit ihren **7876 Pfeifen** ist ein Meisterwerk barocker Schnitzkunst der Orgelbauer Johann Wilhelm Wulf (1763–1788) und Friedrich Rudolf Dalitz (1721–1806). Sie wird in regelmäßigen Vorführungen zum Leben erweckt – und das nicht nur in musikalischer Hinsicht: Zu dröhnenden, aber dennoch wohltemperierten und vollen Klängen erwachen die Engelsfiguren wie aus einem Traum und bewegen eine Vielzahl von Instrumenten. Das gesamte Kirchenschiff erbebt durch diese **wummernden Bässe und hellen Glockentöne**, und seine Zuhörer sowieso. Dabei entfaltet sich der unvergleichliche Klang der Orgel durch die besondere Architektur des Kirchenschiffes, dessen Bodenplatte einen Meter tief in das Erdreich versenkt wurde.

› ul. Nowickiego 5, Stadtteil Oliwa, Tram 2, 6, 11, 12 bis „Oliwa", SKM bis „Oliwa", **Orgelvorführungen:** tgl. 12 Uhr, So. auch 15 Uhr, in den Sommermonaten ab 10 Uhr zu jeder vollen Stunde (außer So.)

[>] Blick auf den Zoppoter Leuchtturm und die Danziger Bucht

Entdeckungen in Zoppot

Noch vor gut 200 Jahren war Zoppot (Sopot) ein kleines unbedeutendes Fischerdorf. Dann baute man Heilbäder, die ersten Kurgäste aus Danzig reisten an und Zoppot entfaltete sich in kürzester Zeit zu einem mondänen Seebad. Heute zählt die Stadt zu den beliebtesten Ausflugszielen in Polen. Erholungssuchende treffen hier auf partyfreudige Nachtschwärmer, alternative Musiker auf die Reichen und Schönen des Landes. Sie alle locken ein breiter Sandstrand, das Rauschen des Meeres, eine Vielzahl an Heileinrichtungen und ein quirliges Nachtleben. Vom Danziger Hauptbahnhof (Gdańsk Główny) erreicht man Zoppot mit der S-Bahn „SKM" (s. S. 128) in nur 20 Minuten.

44 Monte Cassino ★★ [S. 58]

Sie ist das pulsierende Herz von Zoppot, Anziehungspunkt für Touristen, Laufsteg für die Reichen und Schönen, Partymeile für die Jugend und eine der beliebtesten Fußgängerzonen in ganz Polen: die Straße für die Helden von Monte Cassino (Ulica Bohaterów Monte Cassino). Unzählige Restaurants, Cafés, Klubs und schicke Geschäfte reihen sich entlang der von Einheimischen liebevoll „Monciak" getauften Promenade aneinander. Wahrlich majestätisch mündet die Monte Cassino auf den längsten hölzernen Seesteg der Welt, die Mole 46, die sich über 500 Meter in die Ostsee hinein erstreckt.

Entlang des Weges von der Bahnlinie zum Strand gibt es auf der Monte Cassino einige Sehenswürdigkeiten zu entdecken. Als Erstes trifft man auf die **neogotische Backsteinkirche St. Georg** (Kościół św. Jerzego). Sie wurde in den Jahren 1899–1901 unter Schirmherrschaft der Deutschen Kaiserin Auguste Viktoria erbaut. Ihr Gemahl Kaiser Wilhelm II. soll persönlich Geld zum Bau beigesteuert haben, damit der Kirchturm höher gebaut und von den Schiffen in der Danziger Bucht gesehen werden konnte. Nach 1945 wurde aus dem evangelischen Sakralbau eine katholische Kirche.

Ungefähr in der Mitte der Straße für die Helden von Monte Cassino liegt das **auffällige „Krumme Häuschen"** („Krzywy Domek"). Chaotisch, unberechenbar und bunt, drückt das 2004 erbaute Haus das Lebensgefühl des sommerlichen Zoppot aus. Es beherbergt Restaurants, Geschäfte, einen Klub und den Radiosender RFM.

Einen Besuch lohnt auch die **Touristeninformation (Informacja Turystyczna)** am östlichen Ende der Monte Cassino. Dort gibt es nicht nur viele Tipps für Zoppot-Besucher, sondern auch ein zugehöriges, preiswertes **Café mit Terrasse,** von wo aus man das herrliche **Panorama von der Mole bis zur Danziger Bucht** genießen kann. An einem **Solebrunnen** im Café kann man kostenlos Mineralwasser aus 800 Meter Tiefe probieren, das zwar scheußlich schmeckt, dafür aber überaus gesund sein soll.

Bis zum Ende des Zweiten Weltkriegs, als Zoppot zur Freien Stadt Danzig gehörte, hieß die wichtigste Promenade der Stadt noch **Seestraße.** Erst in den 1950er-Jahren erhielt sie ihren ungewöhnlichen Namen Ulica Bohaterów Monte Cassino. Wer waren die Helden von Monte Cassino?

Die **Schlacht von Monte Cassino** im Jahr 1944 gilt als einer der längsten und blutigsten Kämpfe des Zweiten Weltkriegs. **Südlich von Rom** lieferten sich die Alliierten mit der deutschen Wehrmacht erbitterte und verlustreiche Gefechte um das Kloster Monte Cassino. Erst einem **auf Seiten der Alliierten kämpfenden polnischen Korps** gelang es schlussendlich, das Kloster einzunehmen. In Polen gilt die Eroberung der Ruinen von Monte Cassino seitdem als Sinnbild für Tausende von polnischen Soldaten, die an der Seite der Alliierten ihr Leben ließen.

› ul. Bohaterów Monte Cassino (Straße für die Helden von Monte Cassino)

ℹ 3 [S. 58] **Informacja Turystyczna,** pl. Zdrojowy 2, www.sts.sopot.pl, geöffnet: tgl. 10–18 Uhr

45 Leuchtturm von Zoppot (Latarnia Morska w Sopocie) ★ [S. 58]

Ein imposanter Blick über die Stadt, den Seesteg und die Danziger Bucht offenbart sich von der **Aussichtsplattform des Leuchtturms** von Zoppot. Manchmal steigt aus der Spitze des Turmes **weißer Rauch** auf. Das aber ist kein Grund zur Sorge, sondern ein Hinweis auf die eigentliche Bestimmung des Bauwerks. Anfang des 20. Jahrhunderts wurde der Turm nämlich als **verkleideter Schornstein eines Heilbades** errichtet und auch schon damals als Aussichtsplattform genutzt. In den 1950er-Jahren erstmals mit einer Lichtquelle ausgestattet, wurde er erst 1977 mit einem neuen leistungsstarken Signal

KLEINE PAUSE

Waffel-Auszeit am Leuchtturm

Was man woanders als **„Belgische Waffeln"** kennt, heißt in Polen **„Gofry"** und erinnert an das französische Wort für diese Leckerei: *gaufres* – dicke, warme Waffeln mit einem tiefen quadratischen Muster. Sie werden, je nach Gusto, **mit Puderzucker bestreut** oder, in der Luxusvariante, **mit Sahne und Früchten garniert.** Besonders gut schmecken die „Gofry" am **kleinen Imbiss neben dem Leuchtturm** 45 in Zoppot.

051dz Abb.: mb

für die Orientierung auf See offiziell zum Leuchtturm. Heute erreicht der 30 Meter hohe Turm nur noch eine Leuchtweite von sieben Seemeilen – eigentlich zu wenig, um weiterhin in der Liste polnischer Leuchttürme geführt zu werden. Das aber interessiert in Zoppot niemanden und dem **fabelhaften Panoramablick** schadet es auch nicht.

› pl. Zdrojowy 3, Sopot, geöffnet: von 9 Uhr bis zum Einbruch der Dämmerung, Eintritt: 4 Złoty (erm. 2 Złoty)

Auf Zoppots berühmter Mole können sich Besucher frische Seeluft um die Nase wehen lassen

46 Mole von Zoppot (Molo w Sopocie) ★★★ [S. 58]

Die Mole ist das Aushängeschild des Kurorts Zoppot. Gut einen halben Kilometer ragt der weiße, hölzerne Seesteg in die Danziger Bucht hinein. Zu Tausenden flanieren im Sommer Spaziergänger über die Planken, füttern Möwen und genießen die frische Brise. Ein Restaurant, Anlegestellen für Jachten, Freilichtkino unterm Sternenhimmel und natürlich Sonne satt sind die Attraktionen. Im Herbst und Winter, wenn das Wetter rau und stürmisch ist, wird die Mole durch die extremen Witterungsbedingungen oft in Mitleidenschaft gezogen, sodass sie fast jedes Jahr ausgebessert werden muss.

Die Geschichte des Seestegs in Zoppot reicht zurück bis an den An-

EXTRATIPP

Fischerhütte in den Dünen

Nach einem ausgedehnten Spaziergang am Strand ist die **Fischerhütte Piaskownica** genau der richtige Ort für eine kleine Pause. Gut eineinhalb Kilometer läuft man von der Zoppoter Mole 46 gen Norden bis kurz vor den zweiten kleinen Seesteg. Inmitten der Dünen steht die kleine Holzhütte, die nicht nur einen kapitalen Blick aufs Meer gewährt, sondern auch kühle Getränke, Kaffee oder eine heiße Schokolade und jede Menge **Fischspezialitäten zu moderaten Preisen** bietet. Auch **im Winter** ist das rustikale Blockhaus am Strand dank des **wärmenden Kamins** sehr gemütlich.

4 Piaskownica €, ul. Powstańców Warszawy 88, Facebook: piaskownicasopot, geöffnet: tgl. 9–23 Uhr

fang des 18. Jahrhunderts. Es war **Johann Georg Haffner** (1777–1830), ein in Danzig gebliebener Arzt aus Napoleons *Grande Armée,* der in den 1820er-Jahren in dem kleinen Fischerdorf Zoppot eine **Badeanstalt mit Kurbetrieb einrichtete** und eine erste, gut 30 Meter lange Mole baute. Damit legte Haffner den Grundstein dafür, dass sich Zoppot zu einem mondänen Seebad und Kurort entwickeln konnte.

Im Laufe der Zeit wurde die Mole immer wieder verlängert, bis sie 1927, zum 25-jährigen Stadtjubiläum von Zoppot, ihre heutige Größe erreichte. Vor wenigen Jahren wurde sie um einen **Jachthafen** erweitert, der unter anderem auch dazu dienen soll, die Holzkonstruktion des Seesteges vor den Wellen zu schützen.

Zu einer ihrer **Hauptattraktionen** ist inzwischen das alljährlich im Juli und August stattfindende **Open-Air-Kinofestival „Orange Kino Letnie“** (s. S. 95) auf der Mole geworden. Jeden Abend werden auf großer Leinwand unter freiem Himmel aktuelle Kinofilme gezeigt – im **Original mit polnischen Untertiteln**, sodass auch ausländische Touristen auf ihre Kosten kommen. Wegen seiner herrlichen Aussicht auf das Meer erfreut sich auch das **Restaurant Meridian** an der Spitze der Mole großer Beliebtheit, auch wenn es nicht gerade günstig ist.

› **Mole (Molo),** www.molo.sopot.pl, Eintritt: Mai–Sept. 8 Złoty (erm. 4 Złoty), Okt.–April Eintritt frei

5 [S. 58] **Restauracja Meridian** €€€, pl. Zdrojowy 2 (Molo), www.meridianmolo.pl, Tel. 583452525, geöffnet: Mo.–Fr. 11–22, Sa./So. 10–22 Uhr

47 Grand Hotel ★ [S. 58]

Es ist in seinen **erhabenen Ausmaßen,** der zentralen Lage und mit einer sorgsam renovierten, **neobarocken Fassade** schwerlich zu übersehen: Das Grand Hotel direkt am Strand von Zoppot. In den 1920-Jahren als Kasinohotel in unmittelbarer Nähe der berühmten Zoppoter Mole 46 errichtet, wurde das imposante Gebäude in seiner Geschichte mehr als einmal zweckentfremdet und blickt heute auf eine **bewegte Vergangenheit** zurück.

Kurze Zeit nach dem Angriff auf Polen stieg **Adolf Hitler als Gast** im Hotel ab, von dessen oberster Etage aus er am 20. September 1939 mit einem Feldstecher die **Bombardierung der Halbinsel Hela** [S. 143] beobachtete. Bereits am 2. Oktober wurde in den Gemäuern des Grand Hotels die **polnische Kapitulation** unterschrieben

EXTRATIPP

Ausflug auf die Halbinsel Hela (Hel)

Feine weiße Sandstrände, Kiefernwälder, malerische Dünen, frische Meeresluft und wunderschön restaurierte Fischerhäuser aus dem 19. Jahrhundert machen die Halbinsel Hela (Hel) zu einem der beliebtesten Ziele für Tagesausflüge. Besonders eindrucksvoll ist die Fahrt über die Danziger Bucht.

Legt man mit der Fähre der Weißen Flotte (Biała Flota) im äußersten Südosten der Halbinsel Hela an, sind es nur noch wenige Meter bis zur ul. Wiejska, der Flaniermeile von Hela. Sie führt – vorbei an Souvenirständen, gemütlichen Kneipen und Restaurants – zum **Leuchtturm von Hela (Latarnia Morska Hel)** und an den Badestrand. Der Aufstieg auf den etwa 40 Meter hohen Leuchtturm lohnt sich für alle, die einen großartigen Ausblick über die Kiefernwälder der Halbinsel, das kleine Fischerdorf Hela und die blauen Wellen von Ostsee und Danziger Bucht genießen möchten.

Ein ganz besonderes Ausflugsziel in Hela ist das **Robbengehege (Fokarium).** In mehreren Becken werden dort Kegelrobben aufgezogen, die noch bis vor einigen Jahrzehnten an der südlichen Ostsee und der Danziger Bucht heimisch waren. Das Robbengehege ist jedoch keine Touristenattraktion mit dressierten Tieren, sondern eine Forschungsstation, deren Ziel es ist, die im Ostseeraum stark zurückgegangene Robbenpopulation vor dem Aussterben zu schützen.

- ℹ 6 **Touristeninformation Hel (Informacja turystyczna Hel),** ul. Kuracyjna 26
- ★7 **Latarnia Morska Hel,** ul. Bałtycka 4, Eintritt: 6 Złoty (erm. 4 Złoty), geöffnet: Juli–Aug. tgl. 10–19 Uhr, Mai/Juni/ Sept. tgl. 10–14 u. 15–18 Uhr, geschl.: Okt.–April
- ★8 **Fokarium,** ul. Morska 2, Eintritt: 2 Złoty, geöffnet: tgl. 9.30–16 Uhr, je nach Jahreszeit auch bis 21 Uhr
- › Im Juli und August fahren die Fähren der Weißen Flotte (www.zegluga.pl) drei Mal täglich von Danzig nach Hela (und zwei Mal täglich von Zoppot), im Mai und Juni gibt es an den Wochenenden Überfahrten. Tickets (35 Złoty, erm. 25 Złoty) sind in Danzig am Kai der Mottlau nahe dem Grünen Tor 9 und in Zoppot an der Mole 46 erhältlich.

und damit der militärische Überfall der deutschen Wehrmacht auf Polen abgeschlossen. Gegen Ende des Krieges funktionierte man das Gebäude in ein **Lazarett** um.

Das Haus überstand die Kriegsjahre ohne Schäden und wurde in den 1990er-Jahren umfassend in Stand gesetzt. Dabei wurde auch wieder ein großes **Kasino** eröffnet, das in den Wendejahren dort illegal betrieben worden war.

Heute ist das elegante Gebäude, das mittlerweile unter der Hotelkette Sofitel firmiert, Veranstaltungsort für Konferenzen und große Festivitäten. Ebenso beherbergt es in luxuriösen Zimmern private Gäste und steht immer noch stellvertretend für den vergangenen Charme Zoppots als gehobenes Seebad von Weltruf. Unter den **berühmtesten Gästen** des Grand Hotels waren Charles de Gaulle, Marlene Dietrich, Wladimir Putin, Boney M. und Fidel Castro.

› Powstańców Warszawy 12/14, Sopot

DANZIG ERLEBEN

111dz Abb.: mb

Danzig für Kunst- und Museumsfreunde

Aus der Danziger Museumslandschaft stechen zwei spektakuläre Ausstellungen heraus: das Zentrum der Solidarność 29 und das Museum des Zweiten Weltkriegs 23. Mit beiden Schlüsselereignissen des 20. Jahrhunderts ist Danzig eng verbunden. Doch auch die anderen Museen und Galerien lohnen einen Besuch. Sorgsam gestaltet erzählen sie von Kunst, Kultur und den historischen Wendungen in der Ostseemetropole. Anders als in vielen anderen europäischen Städten sind die Eintrittspreise äußerst fair.

Museen

Abteilungen des Historischen Museums (Muzeum Historyczne)

8 [D5] **Artushof (Dwór Artusa).** Der Artushof ist ein prachtvoll-skurril geschmückter Saal, der seit Jahrhunderten Schauplatz ausgelassener Feiern und vornehmer Empfänge der Danziger Oberschicht war und auch heute noch als repräsentativer Veranstaltungssaal genutzt wird. Finden keine Feierlichkeiten statt, kann man den Artushof besichtigen und in die stolze Geschichte der Handelsstadt Danzig eintauchen (s. S. 21).

› **Bernsteinmuseum (Muzeum Bursztynu) im Stockturm** 2. Am Eingang zum historischen Zentrum Danzigs saßen einst zum Tode verurteilte Gefangene ein. Heute dient der gewaltige Backsteinturm als Museum, in dem viele eindrucksvolle Bernsteinfunde zu sehen sind, kunstvoll geschliffener Bernsteinschmuck ausgestellt und die Geschichte des Ostseegoldes erzählt wird (s. S. 14).

◁ Vorseite: Danzig von seiner schönsten Seite: Kaffeepause im W starym kadrze (s. S. 76)

▷ Ausstellung im sehenswerten Bernsteinmuseum

40 [eg] **Festung Weichselmünde (Twierdza Wisłoujście).** Die Festung Weichselmünde war über Jahrhunderte hinweg eines der wichtigsten Bollwerke für den Schutz der Stadt. Kein Schiff konnte in Danzig einlaufen oder von hier aus in See stechen, ohne das Fort zu passieren. Dann änderte die Weichsel 1840 ihren Lauf und die Festung verlor an Bedeutung. Nach schweren Zerstörungen im Zweiten Weltkrieg wird sie heute wieder nach historischem Vorbild aufgebaut. Einige der Verteidigungsanlagen wie den restaurierten Wach- und Leuchtturm kann man während der Saison bereits besichtigen (s. S. 54).

› **Museum der Danziger Wissenschaft (Muzeum Nauki Gdańskiej),** ul. Wielkie Młyny 10 (auf dem Dachboden der Katharinenkirche 26), www.mhmg.pl, geöffnet: Mai–Aug. Sa./So. 11–19 Uhr, Sept. Sa./So. 10–15 Uhr, Okt.–April geschl., Eintritt: 10 Złoty (erm. 5 Złoty). Im Kirchturm der Katharinenkirche befindet sich ein in Polen einzigartiges Museum für Turmuhren. Ausgestellt werden originale Kirchturmuhrwerke, die zum Teil seit über 500 Jahren ticken. Zu sehen sind zudem Mitteleuropas größtes Glockenspiel, eine Ausstellung über den Danziger Astronomen Johannes Hevelius (s. S. 37) sowie eine hochmoderne Pulsar-Uhr, die den Danzigern die weltweit genaueste Zeitmessung erlaubt. Ein Blick vom Kirchturm über die Stadt rundet den Museumsbesuch ab.

24 [E3] **Museum der Polnischen Post (Muzeum Poczty Polskiej).** Das Museum

bietet seinen Besuchern nicht nur einen Einblick in die Geschichte des Postwesens in der Freien Stadt Danzig, sondern erzählt ebenso von der dramatischen Verteidigung der Polnischen Post zu Beginn des Zweiten Weltkriegs. Rund um das Gebäude erinnern drei Denkmäler aus unterschiedlichen Jahrzehnten an diesen Teil der polnischen Geschichte (s. S. 33).

6 [D5] **Rechtstädtisches Rathaus (Ratusz Głównego Miasta).** Das mächtige Backsteingemäuer im Herzen Danzigs war im Mittelalter stolzer Sitz der Ratsherren und ist heute die Hauptfiliale des Historischen Museums. Besonders der prunkvolle Rote Saal lohnt eine Besichtigung. Zu sehen gibt es außerdem etliche Ausstellungen, u. a. über die Geschichte der Freien Stadt Danzig von 1920 bis 1939. Von der Spitze des Rathausturms eröffnet sich ein eindrucksvoller Blick über die historische Rechtstadt (s. S. 18).

5 [C5] **Uphagenhaus (Dom Uphagena).** Ein historisches Danziger Bürgerhaus aus dem 18. Jh. lässt sich auf der Langgasse 4 besichtigen. Es wurde nach der Zerstörung am Ende des Zweiten Weltkriegs originalgetreu wieder aufgebaut. Das darin befindliche Museum veranschaulicht den Lebensstil gut betuchter Danziger Bürger vor 200 Jahren (s. S. 18).

› **Wache Nr. 1 (Wartownia Nr 1) auf der Westerplatte** 39. In dem letzten noch bestehenden Gebäude des ehemaligen polnischen Militärpostens, der Wache Nr. 1, ist ein kleines Museum zur Geschichte der Westerplatte eingerichtet worden. Es informiert seine Besucher nicht nur über die Verteidigung der Halbinsel im September 1939, sondern auch über ihre Vorgeschichte als Kurort und die Entwicklung zu einem Symbol für Polens Widerstand gegen die Nationalsozialisten (s. S. 53).

022dz Abb.: mb

Abteilungen des Nationalmuseums (Muzeum Narodowe)

M9 **Abteilung für Ethnografie (Oddział Etnografii),** ul. Cystersów 19, Stadtteil Oliwa, www.mng.gda.pl, geöffnet: Mai–Sept. Di.–So. 10–17 Uhr (Juni–Aug. Do. 12–19 Uhr), Okt.–April Di.–Fr. 9–16, Sa./So. 10–17 Uhr, Eintritt: 8 Złoty (erm. 4 Złoty), Fr. Eintritt frei. Das ethnografische Museum im Schlosspark von Oliva 42 ist sicher nicht das modernste Museum der Stadt, aber es zeigt eine durchaus ansprechende Ausstellung über Kunst und Alltagskultur an der Danziger Ostseeküste. Alte Boote, Fischernetze, Geräte für die Feldarbeit und typische Möbel aus der Region illustrieren insbesondere das Leben der Kaschuben in und um Danzig (siehe Exkurs s. S. 100). Untergebracht ist die übersichtliche Sammlung auf zwei Etagen des Abteispeichers nahe dem Dom zu Oliva 43.

M 10 **Abteilung für Moderne Kunst (Oddział Sztuki Nowoczesnej),** ul. Cystersów 18, www.mng.gda.pl, geöffnet: Mai–Sept. Di.–So. 10–17 Uhr, Juni–Aug. Do. 12–19 Uhr, Okt.–April Di.–Fr. 9–16 Uhr, Sa./So. 10–17 Uhr. Eintritt: 10 Złoty (erm. 6 Złoty). Im fürstlichen Gebäude des Abtpalastes (Pałac Opatów) von Oliva ist eine Abteilung des Nationalmuseums untergebracht: das Museum für Moderne Kunst. Geschützt durch erhabene Mauern, von denen Teile noch aus dem 15. Jh. stammen, werden hier Bilder, Skulpturen, moderne Installationen sowie Fotoarbeiten ausgestellt. Von klassischen Motiven bis hin zu gesellschaftskritischen Wortmeldungen stellen polnische Gegenwartskünstler ihre Vielseitigkeit unter Beweis.

G 11 [D5] **Danziger Fotografiegalerie (Gdańska Galeria Fotografii),** ul. Długi Targ 24, www.mng.gda.pl, geöffnet: Mai–Sept. Di.–Fr. 11–18 Uhr (13–14 Uhr Mittagspause), Sa./So. 11–16 Uhr, Okt.–April Di./Mi./Fr. 11–17, Juni–Aug. Do. 12–19 Uhr. Eintritt: 2 Złoty (erm. 1 Złoty). Die Danziger Fotografiegalerie besitzt eine große Sammlung künstlerischer Fotografien sowie zahlreiche historische Aufnahmen aus Danzig und den ehemals zu Polen gehörenden Gebieten in Osteuropa. Präsentiert werden diese Fotografien in wechselnden Ausstellungen und Installationen.

9 [E5] **Grünes Tor (Zielona Brama).** Das Grüne Tor bildet nicht nur den Eingang von der Mottlau ins Zentrum der Danziger Rechtstadt, es beherbergt auch einen Ausstellungssaal für wechselnde Kunstexpositionen des Nationalmuseums. Erbaut wurde es ursprünglich als Schlafgemach für die polnischen Könige, die jedoch nie im Grünen Tor übernachteten (s. S. 22).

34 [C6] **Nationalmuseum mit Abteilung für Alte Kunst (Oddział Sztuki Dawnej).** Im Hauptgebäude des Nationalmuseums ist die Sammlung Alter Kunst untergebracht. Hier hängt auch Danzigs wohl bekanntestes Gemälde: „Das Jüngste Gericht" von Hans Memling. Daneben werden flämische und holländische Malerei aus der Zeit vom 15. bis 18. Jh. und historische Darstellungen Danzigs gezeigt. Außerdem gibt es eine umfangreiche Porzellansammlung (s. S. 46).

Das Museumsschiff „Sołdek" 15 vor den Speichern auf dem Bleihof

023dz Abb.: ab

Abteilungen des Zentralen Meeresmuseums (Centralne Muzeum Morskie)

⓭ [E4] **Krantor (Żuraw).** Das bekannte Danziger Wahrzeichen darf man sich bei einem Besuch der Stadt keinesfalls entgehen lassen. Der mittelalterliche Hafenkran aus dem 15. Jh. galt einst als größter Lastenaufzug der Welt, mit dem Schiffsfrachten gehoben und Masten aufgestellt wurden. Nach seiner Zerstörung 1945 wurde das Krantor wieder aufgebaut und ist heute eine Filiale des Zentralen Meeresmuseums (s. S. 24).

⓯ [E4] **Museumsschiff „Sołdek" (Statekmuzeum „Sołdek").** Besonders anschaulich lässt sich Danzigs maritimer Vergangenheit an Deck des Museumsschiffs „Sołdek" nachspüren. In seinem Inneren kann man einen Blick in die Kajüten und auf schwere Maschinen werfen oder unterschiedliche Schiffsmodelle als Miniatur betrachten. Eher etwas für Technikbegeisterte (s. S. 26).

M12 [E4] **Speicher auf dem Bleihof (Spichlerze na Ołowiance),** ul. Ołowianka 9/13, www.de.nmm.pl, geöffnet: Feb.-Juni u. Sept.-Nov. Di.-So. 10-16 Uhr, Juli-Aug. tgl. 10-18 Uhr, Dez. Di.-So. 10-15 Uhr, Eintritt: 8 Złoty (erm. 5 Złoty). Die ehemaligen Kornspeicher „Jungfrau", „Kupfer" und „Oliva" befinden sich auf der dem Krantor gegenüberliegenden Seite der Mottlau und beherbergen eine umfangreiche Ausstellung über die Geschichte der Danziger Seefahrt. Das bunte Potpourri an Exponaten bietet nicht unbedingt einen geordneten Überblick, dafür jedoch gibt es für jeden etwas zu entdecken. Erklärende Handzettel in deutscher Sprache erleichtern die Orientierung.

⓮ [E4] **Zentrum für Maritime Kultur (Ośrodek Kultury Morskiej).** In dem modernen Glasneubau an der Mottlau sind zwei Dauerausstellungen und eine Sonderschau untergebracht: In der ethnologischen Sammlung lassen sich Boote verschiedener außereuropäischer Völker begutachten und in der interaktiven Ausstellung lässt sich allerlei Seemannskönnen selbst ausprobieren – nicht nur für Kinder ein Riesenspaß. Abgerundet wird das Angebot durch viele moderne Infoportale und Filmdokumentationen (s. S. 25).

Andere Museen

› **Centrum Hewelianum auf dem Hagelsberg (Góra Gradowa) ㉝.** Gleich zwei sehenswerte Ausstellungen gibt es im Centrum Hewelianum zu sehen: In den Kasematten der alten Festungsanlage wird die 400-jährige Militärgeschichte des Forts von der Belagerung durch zahlreiche europäische Mächte über die Zerstörung im Zweiten Weltkrieg bis hin zur militärischen Nutzung im Kalten

101dz Abb.: ab

☒ *Europäische Geschichte modern verpackt – im ECS ㉙*

EXTRAINFO

Touristenkarte

Mit der Touristenkarte *(Karta Turysty)* erhält man freien Eintritt in ausgewählte Museen und Rabatte in etlichen Geschäften und Restaurants. Sie ist in unterschiedlichen Paketen (z. B. für Familien oder Aktive) in den Touristeninformationen (s. S. 114) erhältlich:

› 24 Std. 60 Złoty (erm. 40 Złoty), 72 Std. 90 Złoty (erm. 60 Złoty), 120 Std. 120 Złoty (erm. 80 Złoty)

Interessant wird die Touristenkarte, wenn man den **ÖPNV** nutzen möchte. Ein Transportpaket für die gesamte Dreistadt (Danzig, Zoppot, Gdingen) kostet zusätzlich: 23 Złoty (erm. 11,50 Złoty) für 24 Std. bzw. 46 Złoty (erm. 23 Złoty) für 72 Std.

› **Infos:** www.visitgdansk.com/en/kartaturysty

Krieg erzählt. In den ehemaligen Verteidigungsgängen der Festung ist eine interaktive Ausstellung zum Sonnensystem und den verschiedenen Formen von Energie untergebracht, deren zahlreichen Experimente zum Mitmachen animieren (s. S. 45).

㉙ [C1] **Europäisches Zentrum der Solidarność (Europejskie Centrum Solidarności).** Das 2014 eröffnete Informations- und Begegnungszentrum ist ein Meilenstein der polnischen Erinnerungskultur. Hinter seiner rostbraunen Fassade werden die Geschichte der berühmten Gewerkschaftsbewegung sowie das Alltagsleben in Polen dargestellt – und das an historischer Stätte vor dem Hintergrund von Hallen und Kränen auf der Danziger Werft (s. S. 39).

㉓ [E2] **Museum des Zweiten Weltkriegs (Muzeum II Wojny Światowej).** Neben dem Europäischen Zentrum der Solidarność das bedeutendste Museum der Stadt. Es wurde 2017 eröffnet – und ist in Polen heftig umstritten (s. S. 106). Es erzählt umfassend die Geschichte des Zweiten Weltkriegs und rückt dabei die Perspektive der zivilen Bevölkerung sowie die politischen und ideologischen Konflikte in den Mittelpunkt. Für einen Besuch sollte man genügend Zeit einplanen, denn das Museum stellt eine der größten Geschichtsausstellungen weltweit dar (s. S. 32).

M13 [D6] **Speicher „Blaues Lamm" (Spichlerz „Błękitny Baranek"),** ul. Chmielna 53, www.blekitnylew.pl, geöffnet: Juli–Aug. Di.–So. 9–18 Uhr, Sept.–Juni Di.–So. 9–17 Uhr, Eintritt: 10 Złoty (erm. 8 Złoty). In einem ehemaligen Weizenspeicher aus dem 16. Jahrhundert ist eine besonders sehenswerte archäologische Ausstellung untergebracht. Zwischen dem imposanten Gebälk des modern hergerichteten Lagerhauses begegnet man Händlern, Schuhmachern, Wirtsleuten, Barbieren, Schneidern und anderen Handwerkern, die auf einer farbenfrohen mittelalterlichen Straße Danzigs ihr Tagwerk verrichten. Klassischer geht es in der Ausstellung zur Arbeit der Danziger Archäologen zu: Ein Stockwerk höher werden viele Funde langjähriger Ausgrabungen in der Innenstadt ausgestellt und auf Polnisch und Englisch erläutert.

Galerien und Kunstzentren

G14 [D4] **Danziger Günter-Grass-Galerie (Gdańska Galeria Güntera Grassa),** ul. Szeroka 34/35, www.ggm.gda.pl, geöffnet: Di./Mi. 11–17, Do.–So. 11–19 Uhr, Eintritt: frei. Günter Grass (1927–2015) war seiner Heimatstadt Danzig immer eng verbunden – und die Stadt Danzig auch ihm (selbst in der schwierigen Zeit seines Bekenntnisses, in der Waffen-SS gedient zu haben). Von dieser Verbundenheit zeugt nicht zuletzt die Günter-Grass-Galerie, in der vorwiegend Aquarelle und Zeichnungen des Schriftstellers und Künstlers gezeigt werden. Mit dem jährlich im Herbst stattfindenden Festival „Grassomania" organisiert die Günter-Grass-Galerie zudem eine ganze Reihe herausragender Veranstaltungen mit Bezug auf Leben und Werk des Autors. Darüber hinaus werden regelmäßig Werke junger Künstler ausgestellt.

15 [D4] **Danziger Stadtgalerie 1 (Gdańska Galeria Miejska 1),** ul. Piwna 27/29, www.ggm.gda.pl, geöffnet: Di./Mi. 11–17, Do.–So. 11–19 Uhr, Eintritt: frei. Die GGM 1 richtet den Fokus darauf, die Zusammenarbeit zwischen jungen polnischen und internationalen Künstlern zu fördern. Dafür organisiert sie in regelmäßigen Abständen gemeinsame Ausstellungen von Kunstschaffenden, deren Wege sich bis dahin noch nicht gekreuzt haben. Mit Ausstellungen einzelner Künstler zeigt die Galerie aktuelle Trends im schöpferischen Leben der Stadt Danzig und in ganz Polen.

16 [D5] **Danziger Stadtgalerie 2 (Gdańska Galeria Miejska 2),** ul. Powroźnicza 13/15, www.ggm.gda.pl, geöffnet: Di./Mi. 11–17, Do.–So. 11–19 Uhr, Eintritt: frei. In der GGM 2 wird, anders als in der GGM 1, Gegenwartskunst aus dem Ausland zur Schau gestellt: Bilder, Skulpturen und Installationen.

19 [C4] **Großes Zeughaus (Wielka Zbrojownia,** s. S. 29). Die Danziger Kunsthochschule profitiert neuerdings noch mehr von ihrer direkten Nachbarschaft zum wuchtigen Zeughaus, denn seit Kurzem dienen ihr die lichtdurchfluteten Innenräume des Baus mit seiner charakteristischen Bogenarchitektur als Fläche für Wechselausstellungen und Projekte. Wer sich ein Stückchen Kunst aus Danzig mit nach Hause nehmen möchte, wird nach dem Besuch der frei zugänglichen Ausstellung im angeschlossenen Zbrojownia Caffé (s. S. 77) bestimmt fündig: Dort werden hübsche Design-Arbeiten der Studenten in Form von hochwertigen Drucken, Porzellan, T-Shirts etc. vertrieben.

EXTRATIPP

Kunst unter freiem Himmel

Der Danziger Stadtteil Zaspa [a/bg] ist eines der **größten Plattenbauviertel** in Polen. Das Monumental Art Festival hat sich vorgenommen, jedes Jahr im Juli mit **monumentalen Gemälden** an den Außenwänden der Plattenbauten etwas Farbe in die architektonische Tristesse zu bringen. Die riesigen grauen Wände der Wohnblöcke erwiesen sich als perfekte Leinwand. Inzwischen haben sich die großformatigen Kunstwerke, die in den Sommermonaten auch mit einem Touristenführer besichtigt werden können, zu einem Aushängeschild von Zaspa gemausert.

› **Monumental Art Festival,** ul. Hynka/al. Rzeczypospolitej, SKM Zaspa, www.muralegdanskzaspa.pl

17 [E7] **Łaźnia – Zentrum für Zeitgenössische Kunst (Centrum Sztuki Współczesnej Łaźnia),** ul. Jaskółcza 1, www.laznia.pl, geöffnet: Di./Mi./Fr.–So.12–18, Do. 12–20 Uhr, Eintritt: 7 Złoty (erm. 5 Złoty). Das CSW Łaźnia befindet sich eine gute Viertelstunde Fußweg von der Altstadt entfernt. Der Weg hinaus in die Danziger Niederstadt lohnt aber, denn das Łaźnia ist die bedeutendste Institution für zeitgenössische Kunst in der Stadt. Neben Ausstellungen und Installationen organisiert das Zentrum Konzerte, Filmvorführungen, Gesprächsreihen und Vorträge. Wer sich für polnische Gegenwartskunst interessiert, sollte hier unbedingt vorbeischauen.

Danzig für Genießer

Danzig besticht durch ein vielfältiges Angebot an Restaurants und Cafés aller Ausrichtungen und Preisklassen. Ob nun typisch polnische Küche oder internationale Leckereien – die Danziger Speisekarten sind wie die Stadt selbst: bunt, abwechslungsreich und immer für eine Überraschung gut. Besonders hervorzuheben sind die vielen Fischspezialitäten, die fangfrisch auf den Tellern der Hafenstadt landen und vor der historischen Kulisse von Fischmarkt und Mottlau besonders gut schmecken. Aber auch vegetarische Gerichte und hippe Apfelkuchen im Glas kommen in Danzig auf den Tisch – womit die Stadt wieder einmal unter Beweis stellt, dass sie am Puls der Zeit lebt.

Polnische Spezialitäten

Die polnische Küche ist geprägt von **vielerlei kulinarischen Einflüssen** – darunter russische, tatarische, jüdische, litauische, deutsche, französische, italienische und orientalische. Ebenso charakteristisch sind aber auch ihre regionalen Besonderheiten. Das gilt vor allem für die Fischspezialitäten Danzigs. Die **traditionell mehrgängigen polnischen Menüs**, denen stets eine Suppe vorangeht, will man nach dem Urlaub in Polen gar nicht mehr missen. Und keine Angst: Sind die **Portionen** auch **vergleichsweise üppig**, so nimmt man durch die vielen frischen und gesunden Beilagen nicht einmal merklich zu.

Erster Gang eines traditionell polnischen Menüs ist die **Suppe**, zum Beispiel eine klare **Rote-Bete-Brühe** *(barszcz czerwony)* oder die ukrainische Variante mit Gemüse- und Fleischeinlage, die *barszcz ukraiński.* Sehr schmackhaft, sättigend und zudem hübsch anzusehen ist die **Sauermehlsuppe** *żurek,* die mitunter in einem ganzen Brot serviert wird. Ebenso beliebt sind die frischen Suppenkreationen aus sehr aromatischen Tomaten *(zupa pomidorowa)* und Gurken *(zupa ogórkowa).* Im waldreichen Polen haben aber auch **Pilzgerichte** Tradition – ob als Hauptgang, Beilage oder ebenfalls zur Suppe verarbeitet *(zupa grzybowa).* Zu vielen Gerichten werden saure Sahne *(smietana)* sowie frische Kräuter gereicht.

Die in der polnischen Küche hauptsächlich verarbeiteten **Gemüsesorten** sind **Weißkohl, Karotten und Rote Bete.** Zu den beliebtesten Speisefischen zählen – neben vielen Edelfischen wie Zander und Lachs – der **Hering** *(śledź)* und der **Dorsch** *(dorsz)* aus den Gewässern der Ostsee. Für den **kleinen Fischhunger zwischendurch** ist *tatar śledziowy* sehr zu empfehlen, ein frischer Matjessalat mit Eiern und Zwiebeln, der auf einer Scheibe Brot gereicht wird und aus der schlesischen Küche als Häckerle bekannt ist.

Wer es etwas deftiger mag, ist mit dem **traditionell polnischen Krauteintopf** *bigos* gut beraten. Neben Kohl und Pilzen sind es hier vor allem Fleisch- und Wurstspezialitäten, die dem Gericht seinen ganz besonders würzigen Geschmack verleihen. Ebenfalls typisch sind sehr sättigende Teigspeisen wie *pierogi* – mit Fleisch, Gemüse, Kartoffeln oder Früchten **gefüllte Teigtaschen** –, und die *naleśniki* genannten dünnen **Pfannkuchen,** die ebenfalls in herzhaften wie süßen Variationen auf den Tisch kommen.

Überhaupt werden Liebhaber von allem Süßen und Cremigen in Polen

014dz Abb.: mb

voll auf ihre Kosten kommen. In Danzigs Konditoreien und Cafés biegen sich die Theken unter dem vielfältigen Angebot an Kuchen (besonders empfehlenswert: der **Käsekuchen** *sernik* und der **Apfelkuchen** *szarlotka*) und Gebäck. **Süße Breispeisen** *(kasza)*, basierend auf Grütze, laden zu einer Reise in die Vergangenheit ein.

Wer allerdings bei Tisch gefragt wird, ob er ein *kompot* bestellen möchte, träumt vergebens von einem süßen Dessert aus Früchten: Hier ist ein **mit Obst und Zucker angesetztes Getränk** gemeint, das nach einer kurzen Eingewöhnungsphase fast ebenso gut schmeckt.

In Polen wird traditionell viel **Tee** *(herbata)* getrunken; besonders in den Wintermonaten ist auch eine sehr **dickflüssige heiße Schokolade** *(gorąca czekolada)* beliebt. Kaffeespezialitäten sind eher eine neuere Entwicklung, doch viele Cafés haben sich mittlerweile auch auf die gehobenen Ansprüche ihrer Gäste eingestellt. Was alkoholische Getränke angeht, sind – neben dem berühmten **Danziger Goldwasser** (s. Exkurs S. 72) – **Wodka** *(wódka)* und **Bier** *(piwo)* besonders beliebt, aber auch der Weingenuss und -import erlebt mittlerweile einen Aufschwung.

⊡ *Polnisches Essen ist herzhaft – Eisbein (golonka) aus der Pfanne*

Im Restaurant

In vielen Danziger Restaurants gibt es **Speisekarten in deutscher Sprache** – auch wenn die teils abenteuerlichen Übersetzungen mancherorts die Lachmuskeln der Gäste trainieren. Ein Vergleich mit der englischen Version oder die direkte Ansprache des Servicepersonals helfen in der Regel weiter. Beim **Trinkgeld** kann man sich an einer Höhe von ca. 10 % des Rechnungsbetrages orientieren. Wichtig: Man nennt nicht sofort nach Erhalt der Rechnung den um das Trinkgeld aufgerundeten Endbetrag, sondern legt eine ausreichend hohe Summe in die an den Tisch gebrachte Mappe. Diese erhält man mit dem genauen Wechselgeld zurück, worauf man das Trinkgeld in der Mappe liegen lässt.

Danziger Goldwasser

*Dieser **traditionelle Gewürzlikör** mit seinen **dekorativ herumstiebenden Blattgoldflocken** hat es weit gebracht: Das Danziger Goldwasser ist seit Jahrhunderten auch international ein Begriff und bis heute eines der beliebtesten Mitbringsel. Erfunden wurde das 40 %ige Wässerchen im Jahr 1598 durch den holländischen Mennoniten Ambrosius Vermoolen in seiner berühmten **Likörfabrik „Der Lachs zu Danzig“.***

*Einer **Legende** zufolge war aber auch der **Neptun vom Langen Markt (Długi Targ)** 7 nicht unbeteiligt: Als im Artushof 8 ein rauschendes Fest gefeiert wurde, floss für die ärmeren Danziger aus dem Neptunbrunnen Wein. Ein listiger Kaufmann warf Goldstücke hinein – und verkündete, wer beim Fischen danach nass würde, verliere seinen Kopf. Diese gemeine List empörte Neptun so sehr, dass er wutentbrannt von seinem Brunnen sprang und mit dem Dreizack alle Goldmünzen zertrümmerte.*

*Auch in die **Literatur** hat das **Danziger Goldwasser Einzug gehalten.** Gotthold Ephraim Lessing (1729–1781) ließ es in seinem Drama „Minna von Barnhelm“ ausschenken: „Veritabler Danziger! Echter, doppelter Lachs!“.*

Im polnischen Nationalepos „Pan Tadeusz“ von Adam Mickiewicz (1798–1855) wird der Verlust Danzigs an Preußen bei einem Glas Goldwasser betrauert: „Sie lebe, (...) die Stadt Danzig, einst unser, wird wieder unser sein!“ Und Theodor Fontane (1819–1898) lässt den alten Dubslav von Stechlin fragen: „Darf ich Ihnen einschenken? Oder vielleicht lieber Danziger Goldwasser?“ Worauf ihm Hauptmann von Czako entgegnet: „Dann bitte ich um Goldwasser. (...) Sie kennen ja unsre Verhältnisse, so ’n bisschen Gold heimelt einen immer an. Man hat keins und dabei doch zugleich die Vorstellung, dass man es trinken kann – es hat eigentlich was Großartiges.“

Restaurants

Gut und Günstig

18 [D5] **Bar Neptun** €, ul. Długa 33/34, www.barneptun.pl, geöffnet: Mai–Sept. Mo.–Fr. 7.30–20, Sa./So. 10–19 Uhr, Okt.–April Mo.–Fr. 7.30–18, Sa./So. 10–17 Uhr. Man merkt dem Neptun durchaus an, dass die Idee der Milchbar ein Überbleibsel aus dem kommunistischen Polen ist. Aber: Die polnische Hausmannskost (*bigos, pierogi,* Rote-Bete-Suppe oder Kartoffelpuffer) schmeckt, der Service ist sehr gut und im oberen Teil der Bar sitzt man recht gemütlich. Sogar drahtloses Internet gibt es mittlerweile. Das Essen stellt man sich an der Theke bei den Köchinnen selbst zusammen, anschließend schiebt man sein Tablett zur Kasse und sucht sich einen freien Platz. Ideal für den kleinen Hunger zwischendurch.

19 [D4] **Kos** €, ul. Piwna 9/10, www.bistrokos.pl, geöffnet: tgl. 9–24 Uhr. Große, schmackhafte Portionen zu günstigen Preisen gibt es im neu hergerichteten Restaurant Kos. Auf der umfangreichen Speisekarte stehen Suppen (besonders zu empfehlen ist *żurek,* eine im ganzen Brot servierte Sauerteigsuppe), Nudeln, Kartoffelpuffer, Pizza sowie zahlreiche Fisch- und Fleischge-

richte. Ab 9 Uhr morgens wird Frühstück serviert. Highlight ist das Spielzimmer für 2- bis 14-jährige Kinder mit Kuscheltieren, Playstation und Mini-Küche. Damit die Eltern in Ruhe speisen können, werden die Aktivitäten der Kleinen auf einen Fernseher im Restaurant übertragen.

20 [C5] **Naleśnikowo** €, ul. Ogarna 125, www.nalesnikowo.com.pl, geöffnet: tgl. 10–20 Uhr. Kleines, feines Pfannkuchen-Schnellrestaurant nur wenige Schritte vom Langgasser Tor ❸ entfernt. Im Märchendorf „Naleśnikowo" („Eierpfannkuchen") werden die tollsten Menüs gezaubert – auf alle erdenklichen Arten gefüllte Eierpfannkuchen mit Beilagen, leckere Suppen und süße Desserts. Rezeptvorschläge an den Wänden regen die Besucher zum Nachkochen an. Die hier servierten Speisen jedoch, so versprechen die Eigentümer hoch und heilig, wurden wirklich in besagtem Märchendorf von Zwergen- und Elfenhand zubereitet ...

Polnische und osteuropäische Küche

21 [E5] **Gdański Bowke** €€, ul. Długie Pobrzeże 11, www.gdanskibowke.com, Tel. 583801111, geöffnet: So.–Do. 10–22, Fr./Sa. 10–24 Uhr. Polnische Küche für Feinschmecker gibt es direkt an der Uferpromenade der Mottlau, wo sich früher gerne die Danziger Bowkes herumtrieben – Tagelöhner, die durch das Hafengebiet streiften und auf Arbeit hofften. Jeden Tag wird in dem Wirtshaus frisches Brot gebacken, der Teig für hausgemachte *pierogi* geknetet und das eigens für das Lokal in einem kleinen Familienbetrieb gebraute Bier angeschafft. Diese Mühe schmeckt man. Höhepunkt sind die selbst gemachten, mit Goldwasser gefüllten Pralinen.

Gastro- und Nightlife-Areale

Bläulich hervorgehobene Bereiche in den Karten kennzeichnen Gebiete mit einem dichten Angebot an Restaurants, Bars, Klubs, Discos etc.

Preiskategorien

€	bis 25 Złoty (bis 6 €)
€€	bis 50 Złoty (bis 12 €)
€€€	über 50 Złoty (über 12 €)

(gültig jeweils für ein Hauptgericht)

22 [D4] **Restauracja Gdańska** €€, ul. św. Ducha 16/24, www.gdanska.pl, Tel. 583057671, geöffnet: tgl. 11–23 Uhr. Das Danziger Traditionsrestaurant ist allein schon aufgrund seiner Inneneinrichtung ein Erlebnis. Zwischen enormen Ölporträts, Kronleuchtern und wuchtigen Möbeln, die noch dazu in einem sehr gewagten Verhältnis zum vorhandenen Raum stehen, fühlt man sich eher wie im Museum als im Restaurant. Abends ist mit längeren Wartezeiten zu rechnen und die Preise liegen über Durchschnittsniveau. Daher sind die sehr günstigen dreigängigen Mittagsmenüs im Gdańska besonders zu empfehlen.

23 [C5] **Restauracja Kresowa** €€, ul. Ogarna 12, www.kresowagdansk.pl, Tel. 583016653, geöffnet: tgl. 11–22 Uhr. Im elegant wie ein Restaurant aus dem 19. Jh. eingerichteten Kresowa wird osteuropäische Küche aufgetischt. Die aus Sibirien stammende Eigentümerin Tatiana hat Gerichte aus Russland, der Ukraine, Litauen, dem Kaukasus und Zentralasien zusammengestellt, die von Kellnerinnen in altlitauischen Volkstrachten serviert werden. Besonders lecker sind die usbekischen *manty:* große, mit Lammhack gefüllte Teigtaschen. Vorzüglich schmecken auch die Köstlichkeiten im sommerlichen Biergarten bei Livemusik.

24 [D2] **Swojski Smak** €€, ul. Heweliusza 25/27, www.swojskismak.pl,

Polnische Gerichte sind herzhaft und oft begleitet von einer Portion saurer Sahne

Tel. 583201912, geöffnet: Mo.–Fr. 12–24, Sa./So. 13–24 Uhr. Das auf den ersten Blick etwas unscheinbare Restaurant am Rande des Stadtzentrums überzeugt durch zuvorkommenden Service, frisch und liebevoll zubereitete Gerichte und ein sehr gutes Preis-Leistungs-Verhältnis. Hier speisen nicht nur Touristen aus aller Welt, sondern vor allem Einheimische. Sehr empfehlenswert an kalten Tagen: die riesigen Becher mit heiß aufgebrühtem Tee, der mit frischem Ingwer, Nelken und Honig verfeinert wird.

25 [E4] **Tawerna Mestwin** €€, ul. Straganiarska 20/23, Tel. 583017882, geöffnet: tgl. 11–22 Uhr. Das Mestwin ist eine rustikale Bauernstube mit schmackhaftem kaschubischen Essen. Es gibt Fleisch mit Sauerkraut, Fisch und Salat, Rote-Bete-Suppe und Sauerkrautsuppe, serviert im Brot. Unbedingt probieren sollte man Gurkenwasser als Erfrischungsgetränk. Ein schöner Ort, um einen kleinen Einblick in die Welt der Kaschuben zu bekommen, die auf dem Land um Danzig herum siedeln (s. Exkurs s. S. 100).

Fischrestaurants

26 [D4] **Restauracja Pod Łososiem** €€€, ul. Szeroka 52/54, Tel. 583017652, www.podlososiem.com.pl, geöffnet: tgl. 12–23 Uhr. Das Restaurant „Zum Lachs" kann nicht nur mit einer großzügigen Auswahl feinster Speisen, sondern auch mit einer bewegten Historie aufwarten: 1598 wurde hier das Danziger Goldwasser (s. Exkurs S. 72) erfunden. Über Jahrhunderte hatte „Der Lachs zu Danzig" einen weit über die Stadt hinaus reichenden Ruf als Spirituosenfabrik mit angegliederter Probierstube. Nach der Zerstörung des Gebäudes im Zweiten Weltkrieg wurde der heutige „Lachs" im Jahre 1976 von einer polnischen Familie eröffnet und seitdem als Restaurant geführt.

27 [E3] **Restauracja Targ Rybny** €€€, ul. Targ Rybny 6 C, www.targrybny.pl, Tel. 5832090, geöffnet: tgl. 12–24 Uhr. Das Restaurant „Fischmarkt" befindet sich unweit jener Uferpromenade, auf der die berühmten Danziger Fischfrauen einst lautstark ihre Ware anpriesen (s. S. 25). Die in blau-weiß gehaltene Inneneinrichtung versprüht ein ebenso maritimes Flair wie die hölzernen Dielen, über die man zu liebevoll dekorierten Sitzecken gelangt. Hier kann man wunderbar ausspannen und dabei fangfrische Fischgerichte nach kaschubischer Art, Teigwaren, Salate und Suppen schlemmen.

28 [D4] **Wine Bar & Restaurant Literacka** €€, ul. Mariacka 50/52, Tel. 500431451, geöffnet: tgl. 12–23 Uhr. Nur einen Steinwurf von der Marienkirche entfernt befindet sich das kleine Restaurant Literacka. Im Angebot sind gehobene

Gerichte mit besonderen Schwerpunkten auf Fisch und Wild. Diese können im Sommer auch auf der hochgelegenen, kleinen Terrasse mit wunderbarem Blick auf die belebte Gasse genossen werden. Herausstechend ist die sehr gute Weinkarte; Unentschlossene können die kompetente Beratung des Servicepersonals in Anspruch nehmen. Besonders empfehlenswert: die polnischen Antipasti.

Internationale und gehobene Küche

29 [D5] **Mon Balzac** €€, ul. Piwna 36/39, www.monbalzac.pl, Tel. 586822525, geöffnet: So.–Do. 10–20, Fr./Sa. 10–22 Uhr. Das Mon Balzac ist, wie es sein Name nahelegt, eine gute Adresse für ein romantisches Dinner zu zweit in französisch anmutendem Ambiente. Vorzügliche Speisen, blütenweiße Tischdecken und eine gute Weinauswahl locken Abend für Abend eine stattliche Anzahl von Gästen an. In unmittelbarer Nähe der Marienkirche 16 lässt sich in diesem Lokal eine wunderbare Fantasiereise nach Frankreich unternehmen – oder auch die eine oder andere menschliche Komödie am Nebentisch beobachten.

30 [E3] **Restauracja Fellini** €€€, ul. Targ Rybny 6, www.restauracjafellini.pl, Tel. 888010203, geöffnet: tgl. 12–24 Uhr. Im Fellini, das von derselben Familie wie das für seine altpolnische Küche bekannte Kubicki betrieben wird, gibt es Gerichte und Weine aus Italien. Bei hervorragender Pasta, Fisch- und Fleischgerichten eröffnet sich ein Panorama über die Mottlau und auf die an der anderen Uferseite gelegene Baltische Philharmonie (s. S. 84).

31 [E3] **Restauracja Kubicki** €€€, ul. Wartka 5, www.restauracjakubicki.com, Tel. 583010050, geöffnet: tgl. 13–24 Uhr. An den Mauerresten der einstigen Danziger Ordensburg gelegen, gilt das Kubicki vielen Einheimischen und Touristen als eines der besten Restaurants der Stadt. Es gibt altpolnische Küche gehobenen Niveaus wie gebratene Entenbrust mit Moosbeeren und Hausmannskost wie Heringstatar auf Schwarzbrot oder Danziger Piroggenmix. Zur angenehmen Atmosphäre des Kubicki tragen auch seine regelmäßigen Klavierabende bei.

32 [C4] **Restauracja Pueblo** €€, ul. Kołodziejska 4, www.restauracjapueblo.com.pl, Tel. 583222470, geöffnet: tgl. 12–23 Uhr. In den fröhlich-bunten Kellerräumen des Pueblo kommen typisch mexikanische Speisen auf den Tisch. Chili con Carne, Enchiladas, Burritos und gegrillte Steaks werden, mitunter recht scharf, serviert. Als Appetizer gibt es Salate, diverse Tortillas und feurige Chips. Eine willkommene Abwechslung zur polnischen Küche.

› **Restaurant im Hotel Królewski** €€ (s. S. 126), Tel. 583261112, geöffnet: tgl. 7–22 Uhr. Wer einen kleinen Spaziergang an das andere Ufer der Mottlau unternehmen oder einen Besuch in der Baltischen Philharmonie (s. S. 84) entspannt ausklingen lassen will, der kann im Restaurant des Hotels Królewski auf gastronomisch hohem Niveau und mit einer wunderschönen Sicht auf die Altstadt dinieren. Die Preise sind dabei nicht überdurchschnittlich hoch. Von einigen Fenstertischen aus schaut man direkt auf das Wasser der Mottlau – und fühlt sich eher wie auf einem Schiff als auf dem Festland.

Cafés

34 [ah] **Cafe Fikcja,** al. Grundwaldzka 99/101, Tram 5, 6, 9, 11, 12 bis „Jaśkowa Dolina“, SKM bis „Wrzeszcz“, geöffnet: Mo.–Sa. 12–24 Uhr. Café, Buchhandlung, Ort für Lesungen und Gespräche – mit dem Fikcja haben seine jungen Betreiber einen ganz besonderen Ort für kulturelle Begegnungen geschaffen. Es gibt Kaffee, Tee und Kuchen und für die des Polnischen nicht mächtigen Touristen ein paar Bücher auf Englisch.

Nur etwas schwer zu finden ist das Café: Über eine Außentreppe gelangt man von der Straße aus auf die Terrasse in der ersten Etage, von wo aus man das Fikcja schließlich erreicht. WLAN.

35 [D4] **Dobra Kawa,** Grobla III 1/6D (Ecke ul. Świętojańska), Mo.–Fr. 9–19, Sa./So. 10–20 Uhr. „Guter Kaffee“, so heißt dieses Kleinod nur wenig abseits des belebten Zentrums. Den Namen trägt es zurecht, außerdem winkt aus der altmodisch anmutenden Drehvitrine die optimale Ergänzung in Form von Kuchen und Torten. Trotz der modernen Aufmachung ist das Publikum sehr gemischt – von der jungen Familie mit Kindern bis hin zu älteren Damen mit dem Anlass angemessenen Hüten.

36 **Flemming Cafe,** ul. Opata Jacka Rybińskiego 8, Stadtteil Oliwa, www.flemming-cafe.pl, Tram 2, 6, 11, 12 bis „Oliwa“, SKM bis „Oliwa“, geöffnet: Mo.–Sa. 10–18 Uhr. Wer nach der Besichtigung der Olivaer Sehenswürdigkeiten auf dem Rückweg in die Innenstadt noch einmal kurz Energie tanken möchte, ist im Flemming bestens aufgehoben. Die über nur winzige Tischchen verfügende Oase ist in erster Linie ein Laden für Kaffeespezialitäten. Der junge Inhaber bereitet neben dem Verkaufsgeschäft aber auch hervorragend schmeckende Heißgetränke zu.

37 [D4] **Matko i Córko,** Świętego Ducha 44/46, geöffnet: tgl. 10–22 Uhr. Mit dem Matko i Córko („Mutter und Tochter“) hat die Heilig-Geist-Gasse ein neues Highlight der Kaffeekultur aufzuweisen. Neben vorzüglichen Heißgetränken sind in dem modernen Café vor allem die Kuchen im Einmachglas zu empfehlen – unbedingt den heißen Apfelkuchen probieren! Im hinteren Raum speist man mit grandiosem Blick auf die Marienkirche. Wer länger bleiben möchte, kann sich mit den vorhandenen Brettspielen vom Sightseeing erholen.

38 [D4] **W starym kadrze,** ul. Grobla 3/4, www.wstarymkadrze.com, geöffnet: tgl. 12–22 Uhr. Das kleine Café „Im alten Film“ ist sicher eines der gemütlichsten in der ganzen Stadt. Umgeben von Bücherschränken sitzt man in entspannter Stimmung wie im heimischen Wohnzimmer und genießt zum Beispiel eine heiße Schokolade, lässt sich eine der vielen

EXTRATIPP

Lecker vegetarisch

39 [C3] **Bioway** €, ul. Wały Jagiellońskie 34, www.bioway.pl, geöffnet: tgl. 10–21 Uhr. Auch in der traditionell fleischlastigen polnischen Küche sind vegetarische Trends schon länger angekommen: Die Betreiber von Bioway verfügen in der Stadt mittlerweile über vier Filialen und bewerben selbstbewusst ihr Slow Food. Die sehr schmackhaften Gerichte, darunter ein besonders preiswertes Tagesmenü, werden schnell und frisch zubereitet. Dazu gibt es leckere Kuchen und einige in Polen ansonsten schwer zu findende Kaltgetränke aus Bioproduktion. WLAN.

40 [D3] **Feed My Soul Bistro** €, Plac Dominikański 1/6, geöffnet: Mo.–Fr. 11.30–17 Uhr. Das Feed My Soul Bistro ist der neue vegetarisch-vegane Hotspot in Danzig. In nächster Nähe zur Markthalle kommen hier frische Tagesgerichte und eine kleine Auswahl an À-la-carte-Gerichten auf den Tisch. Und da auch bei Vegetariern das Auge mitisst, erfolgt die Präsentation sehr stylisch in Einmachgläsern und auf schickem Porzellan. Besonders zu empfehlen sind die Mini-Süppchen und die wirklich sehr leckere Vollkornpizza.

Teesorten aufgießen oder wählt unter den mannigfachen Kaffeevariationen. Dreimal am Tag (um 14, 17 und 20 Uhr) werden in einem kleinen Hinterzimmer kostenlos internationale Filme in Originalsprache gezeigt. Aufgrund der begrenzten Plätze meldet man sich am besten ein oder zwei Tage vorher dafür an. WLAN.

41 [C4] **Zbrojownia Caffé,** Targ Węglowy 6, geöffnet: tgl. 10–22 Uhr. Einfach alles an diesem stilvollen Café verweist auf die Nachbarschaft zu Danzigs Kunstakademie: Die originellen Möbel sind Abschlussarbeiten von dortigen Studenten und im Hintergrund werden aktuelle Designideen in Vitrinen ausgestellt. Von nackten Glühbirnen in puristisches Licht getaucht, können Besucher sich durch das kleine, aber feine Kuchenangebot futtern und dazu wirklich leckere Heißgetränke genießen. Abends füllt sich der Laden zusehends, was an den vielen frisch gezapften Biersorten liegen mag. Typisch polnisch, aber eher etwas für Liebhaber: „Kirsch-Bier" mit einem Schuss süßem Sirup.

EXTRATIPPS

Essen mit Aussicht

Nur wenige Gehminuten vom Hauptbahnhof entfernt liegt unübersehbar das **sozialistisch anmutende Zieleniak-Hochhaus.** In der 16. Etage verbirgt sich ein **Panoramarestaurant,** das einen **unvergleichlichen Blick auf das Gelände der Danziger Werft** 31 und **Teile der Altstadt** erlaubt. Im Eingangsbereich angekommen, sollte man sich weder von der Bürohausatmosphäre noch von den strengen Blicken der Portiers abschrecken lassen, sondern mit Bestimmtheit nach dem Café verlangen – und schon wird man durch das Drehkreuz hindurch zu den Aufzügen gelassen. In vergleichsweise einfachem Ambiente werden im Restaurant, auf in zweierlei Hinsicht hohem Niveau, schmackhafte Gerichte der modernen Küche serviert.

42 [C2] **Restauracja Panorama** €€, ul. Wały Piastowskie 1, www.panoramarestauracja.pl, Tel. 583074251, geöffnet: Mo. 10–20, Di.–So. 10–22 Uhr

Für den späten Hunger

43 [C4] **Alanya Kebap** €, ul. Kołodziejska 2, www.alanyakebap.pl, geöffnet: Mo.–Do. 11–2, Fr./Sa. 11–5, So. 12–24 Uhr. Bis spät in die Nacht drängeln sich die Kunden ins Alanya Kebap, denn der Döner des kleinen Imbisses (wahlweise mit Hähnchen, Kalb oder vegetarisch) gilt als einer der besten der Stadt. Während der Fußballeuropameisterschaft 2012 adelten Mesut Özil und Lukas Podolski den Danziger Dönerladen. Der Inhaber des Alanya Kebap stammt zwar nicht aus der Türkei, sondern aus dem ehemaligen Jugoslawien, hat sein Handwerk aber ein Jahrzehnt lang in Deutschland erlernt. Ist er zugegen, kann man den Döner folglich auch getrost auf Deutsch bestellen.

Dinner for one

Für alle, die allein in Danzig unterwegs sind, lohnt es sich, mittags nach einem Business Lunch („zestaw obiadowy") in einem der vielen Restaurants in der Innenstadt Ausschau zu halten. Für eine kleine Verschnaufpause auf eigene Faust eignet sich die **Bar Neptun** (s. S. 72).

44 [C5] **Jadłodajnia Harcówka** €, Za Murami 2/10, geöffnet: tgl. 7–19 Uhr. Im Selbstbedienungsrestaurant des Pfadfinderhauses (Jadłodajnia Harcówka) kann man ungestört und ohne lange Wartezeiten lecker und ausgesprochen preiswert essen. Mit etwas Geduld und Wagemut kann man die Sprachschwierigkeiten leicht überwinden.

Konditoreien und Eisdielen

45 [C5] **Cukiernia Sowa,** ul. Długa 13/17, www.cukiernia-sowa-gdansk.pl, geöffnet: tgl. 9–21 Uhr. Torten aus der Konditorei von Adam Sowa sind nicht nur lecker, sondern auch weit über die Stadtgrenzen Danzigs hinaus bekannt und beliebt. Probieren kann man sie zu recht moderaten Preisen bei einer Tasse Kaffee im Laden direkt auf der Langgasse 4. Für Liebhaber alles Süßen ein überaus verlockender Ort.

46 [D5] **Cukiernia W-Z,** ul. Słodowników 1, www.cukierniawz.pl, Mo.–Sa. 7–18, So. 8–17 Uhr. Eine winzige, aber feine Konditorei findet sich am Rande der Rechtstadt. Ihre leckeren Kuchen und Torten sind in der ganzen Stadt bekannt. Für Gäste gibt es zwar nur ein kleines Stehcafé, doch zum Mitnehmen sind die leckeren Backwaren ideal.

47 [E3] **Miś,** ul. Sukiennicza 18, geöffnet: April–Sept. tgl. 10–19 Uhr, Okt.–März geschl. Legendäre Danziger Eisdiele, in der seit 1962 nach unverändertem Rezept Eis in Waffeln verkauft wird.

Blick auf die Uferpromenade, wo sich ein Restaurant ans nächste reiht

Danzig am Abend

Danzig hat überzeugten Nachtschwärmern viel zu bieten: Besonders am Wochenende brodelt es im Stadtzentrum und man hat die Qual der Wahl zwischen alteingesessenen und brandneuen, beschaulichen oder hippen Bars. Auch in den vielen Danziger Cafés und Restaurants (ab S. 72) kann man schöne Abende verbringen. Tanzwütige fahren traditionell nach Zoppot, wo sich eine eher alternative Szene etabliert hat (s. S. 82). An Wochentagen dagegen ist in vielen gastronomischen Betrieben überraschend früh um 23 Uhr Zapfenstreich. Dann tanken die Danziger neue Energie für das nächste Partywochenende.

Cafés und Kneipen

48 [E4] **Café Kamienica,** ul. Mariacka 37/39, www.cafekamienica.com, geöffnet: Mo–Do. u. So. 11–23, Fr./Sa. 11–1 Uhr. Ein lauschiges kleines Café auf zwei Etagen, das mit allerlei Krimskrams an der Grenze zum Kitsch gemütlich eingerichtet ist. Sehr vorteilhaft: Es hat abends länger geöffnet als viele andere Läden in

019dz Abb.: mb

der Frauengasse ⓬. Die Beleuchtung mit Kerzen sorgt für heimeliges Ambiente; an warmen Tagen lockt eine geräumige Außenterrasse.

49 [D3] **Cafe Lamus,** ul. Lawendowa 8, geöffnet: tgl. 12–2 Uhr. Tagsüber ist das Lamus ein urgemütliches, entspanntes Café, wo man seinen Kaffee an warmen Tagen wunderbar auf der Terrasse genießen kann. Abends mutiert es zu einer hippen Bar, die gerne von Stammgästen besucht wird. Die Innengestaltung ist ein Mix aus Flower-Power-Zeiten und modernem Hipsterlook. Mit zwei weiteren Kneipen macht das Cafe Lamus die ul. Lawendowa fast schon zu einer alternativen kleinen Partymeile. WLAN.

50 [C4] **Józef K.,** ul. Piwna 1/2, www.jozefk.pl, geöffnet: So.–Do. 10–2, Fr./Sa. 10–4 Uhr. Inmitten der Danziger Rechtstadt betritt man die fiktive Welt von Franz Kafkas „Der Prozess". Das Józef K. empfängt seine Besucher mit einer zwar mystischen, im Vergleich zum Buch aber freundlichen und offenen Atmosphäre. Abgenutzte Möbel, ein Kachelofen, Sofas, Sessel, Bücherregale, eine Standuhr, Gemälde an der Wand, bunte Farben, Kerzen und dunkle Ecken machen das Café zu einem geheimnisvollen und gleichzeitig gemütlichen Ort, an dem es sich gerne verweilen lässt. WLAN.

51 [C7] **Klub Morski „Zejman",** ul. Grodza Kamienna 5, geöffnet: Mai/Juni und Sept./Okt. Di.–Sa. 19–21 Uhr, Juli/Aug. Di.–Sa. 16–21 Uhr, Shanty-Abend: Do. 20–24 Uhr. Dieser vormals auf der Speicherinsel angesiedelte, urige Seemannsklub wurde wegen der Neugestaltung der Insel an eine weniger zentrale Adresse in den Festungswällen ausgelagert. Die Seemänner nahmen es gelassen und stimmen auch in der neuen Location jeden Donnerstag ihre Shantys an. Noch wirkt alles reichlich improvisiert und der Klub hat Garagenatmosphäre: Das Bier gibt's aus dem Kasten, dafür aber auch zu Spottpreisen. Auf die Öffnungszeiten ist leider nicht immer Verlass.

52 [E7] **Rzecz Jasna,** ul. Łąkowa 35–38, geöffnet: Mo. 9–18, Di./Mi. 9–20, Do. 9–22, Fr./Sa. 10–1, So. 10–20 Uhr. Diese erste und gleich so schicke Kneipe in der Niederstadt ist auf einem alten Fabrikgelände untergebracht. Früher wurden hier Gewehre hergestellt, vis-à-vis befindet sich eine Tierklinik. Doch die krude Umgebung macht den Ort nur noch interessanter. Stilvoll-puristisch eingerichtet, mit guter Getränkeauswahl und kleinem Handmade-Shop zieht das Rzecz Jasna die alternative Szene Danzigs an. Ein Höhepunkt ist der Sonntagsbrunch.

53 [D4] **Winiarnia Pietraszek,** ul. św. Ducha 57, www.winiarniapietraszek.pl, geöffnet: Di.–So. ab 17 Uhr bis zum letzten Gast. Wer auf der Suche nach einem kleinen Weinlokal für einen romantischen Abend zu zweit ist, sollte unbedingt in der Winiarnia Pietraszek vorbeischauen. In ruhiger, fast heimeliger Atmosphäre kann man hier aus einer stattlichen Zahl von Rot- und Weißweinen wählen und sie an kleinen Tischen genießen. Tropfen, die besonderen Gefallen finden, können im kleinen Ladenbereich zudem käuflich erworben werden.

Bars und Klubs

54 [D3] **Bunkier Klubogaleria,** ul. Olejarna 3, geöffnet: So.–Do. 16–2, Fr./Sa. 16–5 Uhr. Dieser Klub in einem ausgedienten Bunker aus dem Zweiten Weltkrieg lässt sich nicht übersehen und überrascht im Innern: Man trinkt und tanzt umgeben von Betonmassen. Die Betreiber haben sich jedoch einige Extras wie eine schicke Bar, gemütliche Lounges und Deko in Form von Schaufensterpuppen und Krafträdern einfal-

102dz Abb.: ab

len lassen. Gespielt werden Techno und Charts. Wer eher quatschen als tanzen möchte, kann es sich in einer der bestuhlten Gefängniszellen gemütlich machen.

55 [E5] **Cooltura,** ul. Chmielna 101, www.cooltura101.pl, geöffnet: tgl. 16–6 Uhr. Wenn anderswo in Danzig schon lange die Bordsteine hochgeklappt sind, geht im Cooltura erfahrungsgemäß immer noch was. Die kleine Bar liegt nur einen Katzensprung vom Grünen Tor **9** entfernt und zieht ein tendenziell jüngeres, manchmal auch eine kleine Spur zu cooles Publikum an. Große Getränkeauswahl und originelle Deko. Die kleine Tanzfläche ist meist gut gefüllt, neben DJs gibt es regelmäßig auch Liveacts. Sehr beliebt ist das Spiel mit der Selfie-Kamera an der Bar.

56 [D5] **Flisak '76,** ul. Chlebnicka 9/10, geöffnet: So.–Do. 15–1, Fr./Sa. 15–4 Uhr. Ein alteingesessener Danziger Klub, der sich bei seinem jungen Publikum konstanter Beliebtheit erfreut. Mittlerweile wird er von den Enkelinnen der ursprünglichen „Flößer“, nach denen der Klub benannt ist, unterhalten und ist so in Familienhand geblieben. Regelmäßige Liveevents unterstützen junge, lokale Künstler. Einer der wenigen Gründe, zum Tanzen nicht bis nach Zoppot zu fahren.

57 [C4] **Klub Muzyczny Parlament,** ul. św. Ducha 2, www.parlament.com.pl, geöffnet: Do.–Sa. 20–4 Uhr. Der unscheinbare Eingang zum Keller des Hotels Wolne Miasto Gdansk lässt kaum erahnen, dass sich dahinter der wohl bekannteste Klub der Stadt befindet. Über drei Etagen erstreckt sich das Parlament mit Tanzflächen, Bar und Sitzecken. Gespielt werden die unterschiedlichsten Musikrichtungen, oft gibt es Konzerte und Veranstaltungen. Das Preissystem im Parlament ist allerdings gewöhnungsbedürftig: Bargeld wird an der Bar nicht akzeptiert; stattdessen muss man sich für die Bezahlung seiner Getränke eine Prepaidkarte anschaffen.

58 [C3] **LOFT,** ul. Młyńska 15, www.loftpub.pl, geöffnet: tgl. 13–24 Uhr. Eigentlich gibt es im etwas versteckt gelegenen LOFT gar nicht viel zu sehen: einen quadratischen Raum mit unverputzten

Wie auf rauer See: Schunkeln und Schwofen im „Zejman“ (s. S. 79)

Backsteinwänden, eine Bar, Sitzmöglichkeiten und einige skurrile, surrealistische Malereien. Dennoch ist das LOFT unter jungen Leuten ziemlich angesagt – vor allem unter jenen, die eine Alternative zur Klubszene der Altstadt suchen.

59 [C4] **Rock Cafe – Muzeum Polskiego Rocka,** ul. Tkacka 7/8, www.rock-cafe.pl, geöffnet: Mi./Do. 20–2, Fr./Sa. 20–5 Uhr. Das „Museum des polnischen Rocks" hält, was der Name verspricht. In den Abendstunden drängen sich die Musikliebhaber in den niedrigen Gewölben eng aneinander und machen gerade noch so viel Platz, dass kleine und laute Bands in ihrer Mitte auftreten können. Geschwitzt wird dann im Kollektiv. Ehrliche Rockrhythmen, guter Sound und faire Getränkepreise.

Retrobars

60 [D5] **No to cyk,** ul. Chlebnicka 2, geöffnet: So.–Do. 14–2, Fr./Sa. 14–4 Uhr. Die Bar greift die Ostalgie-Anwandlungen in Polen auf und macht daraus ein Geschäft: Sehr günstige Getränkepreise, ein bunt gemischtes Publikum aus aller Herren Länder sowie bestaunenswerte Dekorationen aus den Zeiten der Volksrepublik Polen locken die Gäste. Von der 2. Etage lässt sich das bunte Retrotreiben aus der Vogelperspektive beobachten. WLAN.

61 [D5] **Pijalnia Wódki i Piwa,** Długi Targ 35/38 (Eingang über ul. Kuśnierska), geöffnet: tgl. 0–24 Uhr. Wer beim nächtlichen Flanieren durch die Altstadt in die Nähe des Retroschuppens Pijalnia gelangt, wird von seinen unüberhörbaren Stampfrhythmen, herumstehenden Besuchertrauben und sehr moderaten Getränkepreisen angelockt. Ein längerer Aufenthalt in der Bar erfordert nicht nur hohe Trinkfestigkeit, sondern auch einen speziellen Musikgeschmack und eine durchsetzungsfähige Stimme – und ist für Gäste mit Platz- und Berührungsängsten nur bedingt zu empfehlen.

62 [D4] **Pub Polskie Kino,** ul. Szeroka 97, geöffnet: So.–Mi. 15–1, Do. 15–2, Fr./Sa. 15–3 Uhr. Im „Pub Polnisches Kino" lässt es sich auf bequemen Polstermöbeln herrlich entspannen. Die kleine Lokalität verfügt über zwei separate Räume, die auch für Filmvorführungen genutzt werden. Getränke bekommt man hier zu Studentenpreisen und ähnlich ist auch die Zusammensetzung der Gäste. Saisonal wechselnde Angebote und billige Shots für den Start in die Woche sorgen dafür, dass es abends mitunter hoch hergeht. WLAN.

Theater und Konzerte

63 [bi] **Baltische Oper (Opera Bałtycka),** al. Zwycięstwa 15, Tram 2, 3, 6, 9, 11, 12 bis „Opera Bałtycka", www.operabaltycka.pl, Eintritt: 25–70 Złoty. Bereits im Februar 1646 ist in Danzig die erste Oper aufgeführt worden. Das heutige Danziger Opernhaus wurde 1950 eröffnet und hat überwiegend Klassiker in seinem Repertoire. In den Jahren 2000 und 2005 wurden in Danzig erstmals nach dem Zweiten Weltkrieg Opern von Richard Wagner („Tannhäuser") und Richard Strauss („Der Rosenkavalier") aufgeführt. Die meisten musikalischen Bühnenwerke werden in Originalsprache mit polni-

EXTRAINFO

Alkoholverbot

In Polen ist der **Genuss alkoholischer Getränke** auf öffentlichen **Straßen und Plätzen strengstens untersagt.** Wer von den Ordnungshütern erwischt wird, muss mit einer **Strafe von 100 Złoty** rechnen. Sein Bier trinkt man folglich besser in der Kneipe oder auf der Terrasse davor.

Ausgehzone Zoppot (Sopot)

Sobald es in Danzig Abend wird, ziehen **Ausgehfreudige** gen Zoppot. Zwar beklagen Einheimische eine zunehmende Kommerzialisierung alternativer Kultur und die Szene selbst mag durch ihre schnell wechselnden Klubs etwas unübersichtlich wirken. Doch obwohl es auch im Zentrum Danzigs zunehmend coole Locations gibt, hat das **liebenswerte Zoppot** in punkto Abendgestaltung immer noch klar die Nase vorn.

Restaurants

64 [S. 58] **Restauracja Cyrano & Roxane** €€, ul. Bohaterów Monte Cassino 11, Sopot, http://restaurant.cyrano-roxane.pl/en, geöffnet: tgl. 13–22 Uhr. Das Cyrano & Roxane ist ein südfranzösisches Kleinod an der polnischen Küste. Ein behagliches Ambiente, die liebenswerte Bedienung und die exzellente französische Küche machen das Restaurant zu einem der besten in Zoppot. Spezialitäten wie im eigenen Saft geschmorte Ente, leckere Crème brûlée und eine prächtige Auswahl an französischen Weinen sorgen für einen unvergesslichen Abend.

65 [S. 58] **Rucola** €€, ul. Bohaterów Monte Cassino 53, Sopot, www.rucola.pl, geöffnet: tgl. ab 14 Uhr. Ein Zoppoter Bioparadies: Alle Kräuter und ein Großteil der Gemüsesorten werden von den Betreibern selbst angebaut. Die Speisekarte ist von Reisen und Bekanntschaften aus fernen Kulturen beeinflusst. So finden sich dort nicht nur polnische, sondern vor allem indische und orientalische Einflüsse wieder. Phantasievolle Salate, Hummus, Meeresfrüchte und die „Maultaschen internationaler Großmütter" lassen bei all denen keine Wünsche offen, die gesundes Essen lieben.

020dz Abb.: mb

Cafés und Kneipen

66 [S. 58] **3 Siostry,** Dom Zdrojowy („Kurhaus“), ul. Powstańców Warszawy 6, Sopot, www.3siostry.pl, geöffnet: So.–Do. 10–24, Fr./Sa. 10–3 Uhr. In der Kneipe „Drei Schwestern“ stand wohl schon so mancher Gast Kopf – oder ist gar jemand an die Decke gegangen? Selbiges ließe sich angesichts einer Vielzahl dort festgenagelter Damenschuhe vermuten. Doch nicht nur die einfallsreiche Deko, auch leckere Spezialitäten und eine sehr charmante Bedienung machen das Lokal zu einem empfehlenswerten Ort für eine Verschnaufpause. Die Besonderheit: Es wird wirklich von drei Zoppoter Schwestern betrieben. Gigs lokaler Künstler gehören zu den regelmäßigen Highlights. WLAN.

67 [S. 58] **Błękitny Pudel,** ul. Bohaterów Monte Cassino 44, Sopot, geöffnet: So.–Do. 10–24 Uhr, Fr./Sa. 10–5 Uhr. Der „blaue Pudel“ ist Zoppots ältester und wohl auch urigster Pub. Interieur und Panzerglasscheiben in den Fens-

tern zeugen von seiner Vergangenheit als Antiquitätengeschäft. So lassen sich innen allerlei skurrile Details bestaunen – Kopfsteinpflaster aus Krakau, Nürnberger Kanaldeckel, ein Springbrunnen sowie detailverliebte Wandmalereien selbst auf den stillsten Örtchen. Die Spezialitäten der reichhaltigen Karte lassen sich im Sommer aber am besten auf der sonnigen Terrasse genießen. WLAN-Hotspot.

Bars und Klubs

68 [S. 58] **Klub Atelier,** al. Franciszka Mamuszki 2, Sopot, www.klubatelier.pl. Neben der schicken Inneneinrichtung und den regelmäßigen Liveacts ist der Klub Atelier auch durch seine Lage kaum zu schlagen, denn er befindet sich unmittelbar am schönen Ostseestrand von Zopot. So kann man an warmen Tagen das Tanzerlebnis mit einem anschließenden Strandtag abfedern. Auch Konzerte mit klassischer Musik und Liederabende finden statt.

69 [S. 58] **Sfinks 700,** al. Franciszka Mamuszki 1, Sopot, www.sfinks700.com. Im Klub Sfinks 700, der im ehemaligen Gebäude der Kunstgalerie beheimatet ist, lässt ein buntes Programm aus Tanz, Konzerten, Modenschauen, Theater und Happenings keinen Veranstaltungswunsch offen. Es ist eher hipperes Künstlervolk, das hier durch erhabene Räume streift und die vom Klub angestrebte Symbiose aus Kunst und Musik in die Tat umsetzt.

70 [S. 58] **Spatif,** ul. Bohaterów Monte Cassino 54, Zoppot, www.spatif.sopot.pl. Einer der ältesten Klubs in Zoppot, den man mit gutem Gewissen als legendär bezeichnen kann. Auch das Publikum zählt so manche Legende und ist alterstechnisch gut durchmischt. Schrille Inneneinrichtung, aber gemütliche Atmosphäre mit auch ruhigeren Sitzecken. Auch Bands treten hier auf.

Traumhafter Ort für eine Kaffeepause: das Strandcafé vor dem Grand Hotel 47 in Zoppot

Smoker's Guide

Obwohl Zigaretten in Polen relativ billig sind, ist das Land längst kein Raucherparadies mehr. Denn wie inzwischen in vielen Ländern gilt auch hier ein **striktes Rauchverbot in öffentlichen Einrichtungen, Cafés, Restaurants und Klubs.** Nur wenn dort ein **separater Raucherraum** eingerichtet wurde, ist das Qualmen weiterhin gestattet. In der warmen Jahreszeit ist das allerdings kein Problem, denn fast alle Cafés und Restaurants verfügen über **Terrassen oder Biergärten.** Alternativ findet man im Keller der Kneipe **Rock Cafe – Muzeum Polskiego Rocka** (s. S. 81) einen beschaulichen Ort zum Rauchen.

schen Untertiteln gezeigt, leider aber nicht mit englischen oder deutschen.

71 [E4] **Baltische Philharmonie (Polska Filharmonia Bałtycka),** ul. Ołowianka 1, www.filharmonia.gda.pl, Kasse geöffnet: 4 Std. vor jedem Konzert oder Di. 9.30–16 u. Mi.–Fr. 10.30–18 Uhr, Eintritt: je nach Konzert 10–120 Złoty. Gegenüber der Uferpromenade erhebt sich an der Mottlau ein imposanter roter Backsteinbau, der gut ein Jahrhundert lang als Elektrizitätswerk diente und seit 2002 die Baltische Philharmonie Frédéric Chopin beherbergt. Neben Symphoniekonzerten, Kammerabenden und Soloprogrammen veranstaltet die Polska Filharmonia Bałtycka auch zahlreiche Festivals inner- und außerhalb Danzigs.

72 [bh] **Kinder- und Jugendtheater Miniatura (Miejski Teatr Miniatura),** al. Grunwaldzka 16, Stadtteil Wrzeszcz, Tram 5, 6, 9, 11, 12 bis „Politechnika", www.teatrminiatura.pl, Eintritt: ca. 20 Złoty. Im Kinder- und Jugendtheater des Danziger Stadtteils Wrzeszcz (Langfuhr) werden bunte, fröhliche Stücke auf die Bühne gebracht. Zur Aufführung kommen klassische und moderne Werke aus der Kinder- und Jugendliteratur, die zum Teil schon für Kinder ab einem Jahr geeignet sind. Die Stücke für die Allerkleinsten kommen sogar ganz ohne Sprache aus.

73 [C4] **Küstentheater (Teatr Wybrzeże),** ul. św. Ducha 2, www.teatrwybrzeze.pl, Eintritt: 20–45 Złoty. Am Kohlenmarkt, wo von 1801 bis zum Ende des Zweiten Weltkriegs das Danziger Stadttheater stand, befindet sich heute das Teatr Wybrzeże. Mit seinen fünf Bühnen gehört es zu den bedeutendsten Theatern Polens. Über 100.000 Zuschauer kommen jährlich zu den Aufführungen. Gespielt werden vor allem moderne,

021dz Abb.: mb

avantgardistische Stücke, aber auch die großen Klassiker der Weltliteratur. Allerdings muss man des Polnischen mächtig sein, um den Aufführungen in sprachlicher Hinsicht folgen zu können.

22 [C5] **Shakespeare-Theater (Teatr Szekspirowski,** s. S. 31). Das neu erbaute Haus ist eines der kulturellen Aushängeschilder Danzigs. Viele der Theaterstücke sind mit Untertiteln zu sehen. Höhepunkt ist das jährliche Shakespeare-Festival (s. S. 95).

Kinos

Ein Kinobesuch in Polen ist gar nicht so absurd, wie es zunächst klingen mag, denn meist werden ausländische Produktionen im Original mit polnischen Untertiteln gezeigt, sodass man sich in Danzig durchaus auch Filme auf Englisch, Deutsch oder Französisch ansehen kann. Nachdem das kultige Programmkino Neptun leider einer Gentrifizierungswelle weichen musste, gibt es in der Stadt nur noch eine zentral gelegene Option für den Abend mit Popcorn und Großleinwand:

74 [C3] **Krewetka,** ul. Karmelicka 1, www.cinema-city.pl, Eintritt: 14–26 Złoty. Großes Multiplexkino gegenüber dem Danziger Hauptbahnhof mit acht klimatisierten Sälen. Im Krewetka laufen die großen Blockbuster aus Polen und Hollywood, häufig auch in 3D, zumeist im Original und mit polnischen Untertiteln.

Hochkultur an der Mottlau: das Gebäude der Baltischen Philharmonie

Danzig für Kauflustige

Reisende, die die selbsternannte Hauptstadt des Bernsteins besuchen, finden in Danzig so viele Geschäfte mit dem fantasievoll verarbeiteten fossilen Gold vor wie wohl in keiner anderen Stadt Europas. Besonders auf der malerischen Frauengasse (Ulica Mariacka) 12 *und an der Uferpromenade entlang der Mottlau [E4/5] reihen sich die kleinen, oft seit Jahrzehnten in Familienbesitz befindlichen Läden und Ateliers dicht an dicht aneinander.*

In den sympathischen Geschäften der Danziger Innenstadt lassen sich aber noch jede Menge **regionaler Spezialitäten** finden. Als besonders wohlschmeckend gilt das **Danziger Goldwasser**, ein Likör, den schon die russische Zarin Katharina II. zu schätzen wusste (s. Exkurs S. 72). Zu den empfehlenswerten kulinarischen Mitbringseln gehören auch **polnischer Wodka** und die **handgemachten Bonbons** des Zuckerbäckers Ciuciu (s. S. 89).

Wer die große Auswahl liebt und Hunderte von Geschäften auf engem Raum sucht, sollte in den **beliebten Einkaufsgalerien Danzigs** vorbeischauen. Mit der Galeria Handlowa Madison gibt es ein Shoppingcenter am Rande der Altstadt; weitere große Einkaufszentren befinden sich im Stadtteil Wrzeszcz (Langfuhr).

Einkaufsgalerien

75 [ah] **Galeria Bałtycka,** al. Grunwaldzka 141, www.galeriabaltycka.pl, Tram 5, 6, 9, 11, 12 bis „Galeria Bałtycka", SKM bis „Wrzeszcz". Über 200 Geschäfte auf drei Etagen finden sich in der Galeria Bałtycka im Danziger Stadtteil Wrzeszcz (Langfuhr). Von in- und ausländischen Modeketten, Schuhgeschäften und

100dz Abb.: ab

Läden für Schmuck und Accessoires über Elektronikketten bis hin zu Supermärkten reicht die Vielfalt des Angebots. Im oberen Teil befinden sich zahlreiche Cafés, eine große Eisdiele und etliche Schnellrestaurants. Unter der Galerie gibt es ein zweistöckiges Parkhaus.

76 [C2] **Galeria Handlowa Madison,** ul. Rajska 10, www.madison.gda.pl. Unweit des Bahnhofs befindet sich dieses Einkaufszentrum mit Markengeschäften, Restaurants und einem großen Delikatessen-Supermarkt. Zentral gelegen, ideal zum Shoppen bei schlechtem Wetter und mit freiem WLAN-Zugang.

77 [ah] **Manhattan,** al. Grunwaldzka 82, www.gchmanhattan.pl, Tram 5, 6, 9, 11, 12 bis „Jaśkowa Dolina", SKM bis „Wrzeszcz". Nicht ganz so groß wie die in unmittelbarer Nachbarschaft gelegene Galeria Bałtycka, gibt es auch im „Handelszentrum Manhattan" (Gdańskie Centrum Handlowe, kurz GCH) eine ganze Reihe von Modegeschäften, Kosmetik- und Schmuckläden sowie Restaurants und Cafés. Ungewöhnlich für eine Einkaufsgalerie ist, dass hier auch Kultureinrichtungen wie das Theater Znak, eine Schauspielschule und eine öffentlichen Bibliothek Platz gefunden haben.

Sklepik z biżuterią: Danuta Samson vor ihrem originellen Schmuckkästchen

21 [D4] **Markthalle (Hala Targowa).** In dieser einst traditionell-sozialistischen Markthalle sind allerlei Einzelhändler mit ihrem Angebot vertreten. Neben ein paar Lebensmittelgeschäften im Kellergeschoss kann man hier zum Beispiel Kleidung, Bettwäsche und Accessoires eher geringer Qualität und Preisklasse erstehen. Ein Spaziergang durch die mittlerweile renovierte Halle lohnt sich aber in jedem Fall – denn sie befindet sich am Standort des ehemaligen Dominikanerklosters, dessen hinter Glasscheiben zu besichtigendes Fundament in einem kuriosen Widerspruch zur überirdisch betonten Modernität des Shoppingcenters steht.

Mode und Accessoires

› **Kazar Schuhshop in der Galeria Bałtycka** (s. S. 85). Das polnische Familienunternehmen Kazar hat sich im Bereich des Schuhdesigns zu Recht einen Namen gemacht. Hier sind neben schickem Schuhwerk auch Handtaschen, Gürtel, Geldbörsen und andere Lederwaren zu haben.

78 [C5] **Lilou,** Ogarna 126/127, geöffnet: Mo.–Fr. 11–19, Sa. 11–18, So. 11–15 Uhr. Lilou ist ein ganz besonderer kleiner Laden, in dem man wunderbar Geschenke kaufen kann. Das Besondere: Der wirklich hübsche Schmuck und die Handtaschen, Kalender etc. lassen sich individualisieren. Das freundliche Personal berät gern zu allen Möglichkeiten, mit Gravuren und Drucken kleine Unikate zu schaffen.

Shoppingareale
Die wichtigsten Shoppingbereiche der Stadt sind im Kartenmaterial mit einer rötlichen Fläche markiert.

79 [D4] **Sklepik z biżuterią,** ul. Piwna 19/21, www.sklepikzbizuteria.pl. Mit geschätzten zweieinhalb Quadratmetern ist das Lädchen im Herzen der historischen Rechtstadt sicher das kleinste Geschäft für Ohrringe, Anhänger und Ringe in Danzig, dafür aber auch eines der sympathischsten. Die Besitzerin Danuta Samson steckt viel Herzblut in ihren Laden und importiert exotische Schmuckstücke mit eingeschlossenen Blüten eigenhändig aus Mexiko. Der Kanarienvogel Fifi II. begrüßt jeden Besucher persönlich.

Bernstein

80 [D5] **Bernstein Galerie,** Długi Targ 1, www.ambergallery.pl. Am Langen Markt 7 gegenüber dem Neptunbrunnen befindet sich eine große Bernsteingalerie mit einer beachtlichen Auswahl an Broschen, Ohrringen und Ketten aus dem „baltischen Gold“. In kurzen Vorführungen wird Touristen gezeigt, wie man Bernstein bearbeitet und wie echter Bernstein von synthetischen Fälschungen unterschieden werden kann. Individualtouristen fragen einfach nach, wann die nächsten Vorführungen stattfinden.

81 [E4] **Galeria Styl,** ul. Długie Pobrzeże 31, www.amberstyl.pl. Unmittelbar neben dem Krantor 13 befindet sich die Werkstatt und Galerie des Danziger Bernsteinmeisters Zbigniew Strzelczyk. In dem 1974 eröffneten Atelier werden Silber und Bernstein zu eleganten Schmuckstücken verarbeitet. In gut einstündigen Workshops erfährt man vom Inhaber nicht nur alles Wissenswerte über Bernstein, sondern kann auch selbst ein Jahrmillionen altes Stück Harz schleifen. Details zu den Workshops erfährt man direkt im Laden.

82 [D4] **Nord Amber Gallery,** ul. Mariacka 44/45. Die Frauengasse 12 ist mit ihren zahlreichen Familienmanufakturen das Herz des Bernsteinhandels in Danzig. In der Nord Amber Gallery von Barbara Tysnarzewska wird der rohe Bernstein von der Danziger Ostseeküste in Handarbeit zu glänzenden Schmuckstücken geschliffen. Als Halsketten, Armreife, Ohrringe oder in Silber gefasste Broschen entfaltet das fossile Harz seine ganze Schönheit.

012dz Abb.: mb

Danzigs Glanz und Gloria: Schmuck aus Bernstein

Andenken und Mitbringsel

83 [D5] **Art Balticum,** ul. Długa 29. Wer schnell ein schönes Souvenir aus Danzig kaufen möchte, der findet im Art Balticum auf der Langgasse 4 eine große Auswahl an Mitbringseln. Von Glaskunst und Bernsteinschmuck über Postkarten und Kühlschrankmagneten bis hin zu Tassen mit Danzigmotiven, Kuscheltieren oder T-Shirts gibt es fast alles, was das Touristenherz begehrt.

84 [D4] **Galeria Grobla,** ul. Grobla 5/7, www.galeriagrobla.pl. Elegante und farbenfrohe Glaskunst gibt es hier, nur wenige Schritte von der Marienkirche entfernt. Alle Anhänger, Figuren, Gläser, Schälchen und Teller werden nach den Entwürfen des Glas- und Keramikdesigners Maciej Habrat handgefertigt.

85 [D4] **Galeria Sztuki Kaszubskiej,** ul. św. Ducha 48, www.gskart.pl. Nur wenige Meter vom Eingang zur Marienkirche 16 entfernt, befindet sich die „Galerie kaschubischer Kunst". Der kleine, familiengeführte Laden versteht sich als Botschafter kaschubischer Volkskunst in Danzig. Verkauft werden Leinentücher und Tischdecken, die von Hand mit typisch kaschubischen Stickereien verziert wurden, hochwertige Leinenkleider, bunt bemaltes Porzellan, Holzschnitzereien und Tabakdosen aus Rinderhorn, in denen die Kaschuben (s. Exkurs S. 100) ihren geliebten Schnupftabak aufbewahren. Manchmal kann man der Verkäuferin im Laden sogar beim Besticken ihrer Leinenstoffe zuschauen.

86 [C1] **Kunsztownia,** ul. Jana z Kolna 1, www.kunsztownia.pl. Der kleine Laden unweit des Europäischen Zentrums der Solidarność 29 ist eine absolute Fundgrube für schöne Handarbeiten und Mitbringsel. Gefertigt werden diese von Künstlern aus Danzig und Umgebung. Neben Keramik, Schmuck und Deko gibt es auch Coffee to go – und Workshops, bei denen jeder mitmachen kann. Sehenswert ist auch die liebevoll restaurierte Fassade des ehemaligen Kolonialwarengeschäfts.

87 [C5] **Szafa Gdańska,** ul. Garbary 14, www.szafagdanska.pl. Das Szafa Gdańska („Danziger Schrank") ist ein kleines, sympathisches Souvenirgeschäft mit besonderem Fokus auf Danzigs Zeit als Freie Stadt. Man betritt das Lädchen wie durch eine Schranktür, woher auch sein Name rührt. Selbst im

011dz Abb.: ab

Inneren ist alles so, wie es sich für einen ordentlichen Schrank gehört: prall gefüllt und doch relativ aufgeräumt.

› **Zbrojownia Caffé,** Targ Weglowy 6 (s. S. 77). Im Gebäude des Großen Zeughauses werden wunderschöne Unikate aus der benachbarten Kunstakademie verkauft. Es gibt u. a. Papiererzeugnisse, Porzellan und Designerstücke für den Haushalt zu erstehen.

Gaumenfreunden zum Mitnehmen

88 [D4] **Browar Piwna,** ul. Piwna 50/51, www.browarpiwna.pl. Eine originelle und gleichzeitig wohlschmeckende Geschenkidee kommt aus der Danziger Jopengasse (18): hübsch designte Sixpacks mit frisch gebrauten Bierspezialitäten. Auf der Homepage des Unternehmens zeigt ein kleiner Videofilm, wie die hauseigenen Biersorten – darunter auch Alt und Pils – hergestellt werden. Vorkosten kann man das potenzielle Mitbringsel in einigen Danziger Bars und Klubs, z. B. im Flisak '76 (s. S. 80).

89 [D5] **Ciuciu,** ul. Długa 64/65, www.ciuciu.pl. In der Bonbonmanufaktur auf der Langgasse (4) wird Zuckerwerk vor den Augen der Zuschauer von Hand gefertigt, und zwar noch heute nach einer traditionellen Handwerkstechnik aus dem 17. Jh. Nicht nur für Kinder ist es faszinierend, die Bonbonmacher beim Kneten, Rollen und Schneiden der bunten Zuckermasse zu beobachten. Die vielen farbenfrohen Bonbons und Lollis sind, hübsch verpackt, auch ein schönes Mitbringsel aus Danzig.

90 [D5] **Probiernia Likierów Goldwasser,** Długi Targ 28/29. Hier lassen sich die berühmten Danziger Liköre Danziger Goldwasser, Machandel und Danziger Kurfürsten probieren und in einzelnen Flaschen oder als Set mit Gläsern käuflich erwerben. Goldwasser erhält man aber auch etwas billiger in anderen Läden in Danzig, etwa in einem kleinen Lebensmittelgeschäft auf der Langgasse (ul. Długa 64). Wem eine ganze Flasche Goldwasser zu schwer für die Rückreise ist, der findet den Likör mit echtem Blattgold auch in größeren Supermärkten in Deutschland.

Auf der „Bernsteinmeile": Danzigs Frauengasse (Ulica Mariacka) (12)

Bücher und Musik

91 [C2] **Empik,** ul. Podwale Grodzkie 8, www.empik.com. In der Unterführung vom Bahnhof zur Danziger Innenstadt befindet sich das Kulturkaufhaus Empik. Für Touristen ist es besonders interessant, weil man im Empik aktuelle Zeitungen und Zeitschriften auf Deutsch und Englisch bekommt. Es gibt auch eine kleine Auswahl an deutschsprachigen Büchern über Danzig. In der Musikabteilung findet man ein breites Angebot an polnischer und internationaler Musik zu moderaten Preisen.

Märkte und Lebensmittel

92 [F5] **Biedronka,** ul. Rajska 2, www.biedronka.pl, geöffnet: Mo.–Sa. 7–21, So. 9–20 Uhr. Die in Polen weit verbreitete Supermarktkette Biedronka, an ihrem lachenden Marienkäfer im Logo auch für Ausländer leicht zu erkennen, wirbt mit konstant niedrigen Preisen. Die mittelgroße Filiale des Discounters bietet zwar keine besonders ausgefallenen Delikatessen, dafür jedoch das klassische Angebot eines Supermarktes zu sehr günstigen Preisen.

93 [D1] **Biobazar,** ul. Popiełuszki (Nowa Wałowa), geöffnet: Sa. 9–16 Uhr, www.biobazar.org.pl. Seit Kurzem hat auch Danzig seinen hippen Biomarkt: In einer zentral gelegenen Halle auf dem Werftgelände werden frische, aber recht hochpreisige Erzeugnisse von Landwirten aus

064dz Abb.: ab

der Region angeboten. Unregelmäßig finden auch Kochworkshops statt.

› **Markt vor der Markthalle (Hala Targowa)** 21. Geöffnet: Mo.–Fr. 9–18, Sa. 9–15 Uhr. Auf dem offenen Markt vor der Markthalle ist das Angebot an frischem Obst und Gemüse, Nüssen und Kräutern immer reichhaltig. Dabei können Touristen auch eher exotische Entdeckungen machen, wie z. B. riesige Sonnenblumenköpfe, deren Kerne man als kleinen Snack nebenbei knabbert. In der Sommersaison findet man hier eine sehr gute Auswahl an frischen Beeren, im Herbst leckere Pilze. Ein Preisvergleich zwischen den einzelnen Ständen lohnt sich ebenso wie der Kauf bei privaten Händlern, meist polnischen Rentnern, die ihre Waren aus dem eigenen Garten nur wenige Meter weiter an der Straße anbieten.

EXTRATIPP

Shop 'n' Stop

Die **malerisch-romantische Frauengasse (Ulica Mariacka)** 12, wo sich ein kleines Geschäft mit Bernsteinschmuck ans nächste reiht, ist der schönste Ort für einen **Einkaufsbummel in Danzig.** Wenn man sich an den vielen honiggelben oder dunkelbraunen Schmuckstücken satt gesehen oder ein passendes Andenken gefunden hat, bietet die Terrasse des **Cafés Kamienica** (s. S. 78) einen idealen Ort, um das Treiben auf der Frauengasse bei einer **Tasse Kaffee** zu beobachten.

94 [D5] **Teresa,** ul. Chlebnicka 45/46, geöffnet: tgl. 0–24 Uhr. Der kleine Laden Teresa ist auch dank seiner großzügigen Öffnungszeiten eine gute Adresse für den schnellen Einkauf zwischendurch.

Souvenirs und Modeschnäppchen in der Markthalle 21

Danzig zum Träumen und Entspannen

In Danzig herrscht maritime Wohlfühlatmosphäre. In den krummen Gassen der Stadt lässt es sich wie in alten Zeiten entspannt flanieren. Da aber immer mehr Besucher die Perle an der Ostsee entdecken und zu schätzen wissen, kann es während der Reisesaison auf dem Langen Markt 7 *und an der Uferpromenade [E4/5] schon einmal enger werden. Erholung vom Trubel der Innenstadt bieten Pausen in den kleine Ruheoasen Danzigs, Spaziergänge in romantisch-verträumten Parkanlagen und natürlich Ausflüge an Strand und Meer.*

In Altstadtnähe

Glitzernd schmiegt sich die Mottlau (Motława) an die historische Rechtstadt und hat so manchen vorbeischippernden Augenschmaus zu bieten – wenn sich nur die touristische Geräuschkulisse für einen Augenblick ausblenden ließe ... Dabei ist das ganz einfach: Spaziert man über die Grüne Brücke (Zielony Most) [E5] hinüber an das **andere Ufer der Mottlau,** so kann man nicht nur den **Segel- und Jachthafen** bewundern, sondern findet in der Nähe der Baltischen Philharmonie (s. S. 84) auch **manches ruhige Plätzchen** mit wunderbarer Sicht auf die abends hell erleuchtete Innenstadt.

Etwas weiter ist es zu den historischen **Festungswällen und Bastionen**, wohin sich nur selten Touristen verirren. Hier trifft man **ganz normale Danziger Bürger** an, die einen Plausch auf einer der Bänke halten oder mit ihren Kindern und Hunden im Grünen spazieren gehen. Auch als Joggingstrecke sind die landschaftlich sehr schönen Festungsanlagen mit ihren Wasserreservoiren hervorragend geeignet. Von den **Aussichtspunkten** der ehemaligen Bastionen hat man übrigens einen schönen Rundumblick.

Wer noch viel höher hinaus will, ist mit einem Spaziergang zum **Hagelsberg** 33 gut beraten. Von dort aus bietet sich eine **beeindruckende**

025dz Abb.: mb

⊡ *Schmucke Holzvilla am Eingang zum Gutenberghain (s. S. 92)*

EXTRATIPP

Saunieren bei Nieselwetter

Wer sich bei grauem Ostsee-Nieselwetter aufwärmen möchte, kann den Fitness- und Spa-Bereich des Radisson-Blu-Hotels nutzen. Es stehen ein Fitnessraum, ein kleiner Saunabereich und ein Dampfbad zur Verfügung. Handtücher werden an der Rezeption ausgegeben. Beim Betreten des Gebäudes lohnt es sich übrigens, den Blick zu senken, denn auch dieses moderne Cityhotel steht auf historischem Grund: Durch eine Glasplatte im Fußboden lassen sich mittelalterliche Artefakte erspähen.

96 [D5] **Radisson Blu,** Długi Targ 19, www.radissonblu.com/hotel-gdansk, Tel. 583254444, Eintritt in den Fitness- und Spa-Bereich: 40 Złoty

EXTRATIPP

Kaffee am Morgen – mit Ausblick

Wer eine kurze Auszeit vom Touristentrubel braucht und dennoch in Innenstadtnähe bleiben möchte, findet auf der **Terrasse des Cała Naprzód** einen ruhigen **Rückzugsort mit Panoramasicht** auf die Mottlau, den Bleihof und die Speicherinsel **10**. Das erst abends stärker frequentierte Restaurant liegt etwas versteckt im obersten Stockwerk des Zentrums für Maritime Kultur **14**. Ab 10 Uhr morgens kann man hier in Ruhe einen Kaffee genießen oder eine Kleinigkeit frühstücken.

97 [E4] **Restauracja Cała Naprzód** €, ul. Tokarska 21/25, www.calanaprzod.com.pl, geöffnet: So.–Di. 11–20, Mi./Do. 11–21, Fr./Sa. 11–22 Uhr

Aussicht über die ganze Stadt und auch das zur Jahrtausendfeier 1997 geschaffene Millenniumskreuz ist sehenswert.

Aber auch kleinste Schlenker um die typischen Hauptstraßen verschaffen mancherorts eine spürbare Erleichterung: So verläuft etwa die frühere **Hundegasse (Ulica Ogarna)** [C/D5] genau parallel zur Langgasse **4**, ist aber viel weniger frequentiert und zur Rushhour deutlich schneller zu durchqueren.

Grüne Oasen rund um Danzig

Wie zurückversetzt in eine andere Zeit fühlen sich Besucher im **Schlosspark von Oliva** **42**. Hier kann man nach Herzenslust flanieren, die hübsch gestalteten Gärten und Anlagen in Augenschein nehmen oder sich in den Flüstergrotten geheime Botschaften zuraunen. Besonders Kinder kommen auf dem großzügig angelegten Gelände auf ihre Kosten.

Im Stadtteil Wrzeszcz (Langfuhr) lädt der **Gutenberghain (Park Jaśkowej Doliny)** [ai] zu einem Ausflug ein. Hier kann man zum Denkmal des berühmten Buchdruck-Erfinders oder bis zur 1911 erbauten **Waldbühne (Teatr Leśny)** spazieren, wo sich im Sommer so manches schöne Konzert genießen lässt.

95 [ai] **Waldbühne (Teatr Leśny),** Jaśkowa Dolina 45, Bus 127, 129, 162 bis „Na Wzgórzu", www.teatrlesny.pl

„Eine Seefahrt, die ist lustig ..." – besonders an Bord eines Piratenschiffs

Bootsfahrten und Strandausflüge

Was wäre Danzig ohne seine Gewässer und die verlockende Nähe zur Ostsee! Schon wer nur ein paar kurze Stündchen übrig hat, sollte sich bei einer **Bootstour** so richtig den Wind durch die Haare wehen lassen und die von der Stadtbesichtigung müden Beine hochlegen. An der Uferpromenade [E4/5] kann man sowohl auf einfachen **Ausflugsdampfern** wie auch **historischen Segelschiffen** an Deck gehen (s. S. 129) – oder sich am gegenüberliegenden Ufer der Mottlau zur aktiven Naherholung einfach selbst ein **Paddelboot** ausleihen.

Freunde des Wassersports können unter diesen Adressen **Kajaks ausleihen:**

S98 [C7] **Klub Wodny „Żabi Kruk"**, ul. Żabi Kruk 15, www.zabikruk.pl, Tel. 583057310

S99 [ej] **Przystań wioślarska GKW „Drakkar"**, ul. Sienna 37, Tel. 583042267

Wer mehr Zeit mitbringt, sollte unbedingt einen Ausflug an einen der wunderschönen **Strände in der Nähe von Danzig** machen. Unweit des Stadtzentrums lockt bereits der Strand von **Heubude (Stogi)**, wo es – etwas abgelegen – sogar einen der wenigen polnischen FKK-Strände gibt. Die Sauberkeit des Badestrandes von **Brösen (Brzeźno)** und seine Wasserqualität sind wiederholt ausgezeichnet worden. Zur Hochsaison allerdings ist es mit der Ruhe nicht weit her, denn dann ist der Strand von Danzingern und Touristen dicht bevölkert. Etwas weiter nördlich befindet sich mit **Glettkau (Jelitkowo)** eine bewährte Erholungsoase für ein älteres Publikum sowie Familien mit Kindern. Von Brösen über Glettkau bis nach Zoppot führt eine Strandpromenade, auf der es sich ganz wunderbar spazieren, Rad fahren oder skaten lässt.

› **Stogi**, www.plazastogi.pl, Tram 8 bis „Stogi Plaża"
› **Brzeźno**, Tram 3, 5 bis „Brzeźno"
› **Jelitkowo**, Tram 2, 6, 8 bis „Jelitkowo"

0266dz Abb.: ab

Zur richtigen Zeit am richtigen Ort

Danzig hat seinen Besuchern nicht nur in den Sommermonaten kulturelle Höhenflüge zu bieten: Das vielfältige Veranstaltungsprogramm lässt mit klassischen Konzerten, Sportevents, Straßentheater und Filmfestivals das ganze Jahr über keine Wünsche offen. Weitere Informationen und einen Kulturkalender findet man unter www.visitgdansk.com.

Frühling

- Eröffnet wird die Kultursaison mit dem **Osterfest** (*Wielkanoc*), das im traditionell katholischen Polen ausgiebig begangen wird. Wichtiger Bestandteil der Feiertage sind eine Auferstehungsmesse und die daran anschließende **Osterprozession.** Ein besonders unter jungen Männern sehr beliebter Brauch ist der **„Śmigus-dyngus“**, auch der „gegossene Montag“ genannt: Am Ostermontag werden junge Frauen und Mädchen mit weihenden Wassertropfen bespritzt – was stellenweise in regelrechte Wasserschlachten ausartet.
- Im **Mai** feiern die Danziger mit großem Pomp ihr Stadtjubiläum: Das **Danziger Fest** *(Święto Miasta Gdańsk)* lockt mit historischen Umzügen und Konzerten.

Sommer

- **Anfang Juni** startet das **DocFilm-Festival** (www.gdanskdocfilm.pl) in verschiedenen Kinos der Dreistadt mit der Präsentation aktueller Dokumentarfilme in den Sommer.
- An den **Juniwochenenden** verspricht die **Konzertreihe „Danziger Musiksommer“** *(Gdańskie Lato Muzyczne)* Höhepunkte der Klassik, interpretiert vom Orchester der Baltischen Philharmonie (s. S. 84). Weitere Infos auf der Internetpräsenz der Philharmonie unter www.filharmonia.gda.pl.
- Jedes Jahr im **Juli** steigt in Danzigs Nachbarstadt Gdingen (Gdynia) das **Open‘er Festival.** Bis zu 80.000 Fans pilgern an die Ostsee, um vier Tage lang zu Popmusik von polnischen und internationalen Stars zu tanzen (www.opener.pl).
- Im Juli werden beim **Monumental Art Festival** im Danziger Stadtteil Zaspa die Hochhauswände verziert (s. S. 69)

Fröhliches Volksfest im August: der Dominikanermarkt mit seinen unzähligen Trödelständen

067dz Abb.: mb

Gesetzliche Feiertage in Polen

- **1. Januar:** Neujahr *(Nowy Rok)*
- **6. Januar:** Heilige Drei Könige *(Święto Trzech Króli)*
- **März/April:** Ostermontag *(Poniedziałek Wielkanocny)*
- **1. Mai:** Tag der Arbeit *(Święto Pracy)*
- **3. Mai:** Tag der Verfassung *(Święto Konstytucji)*
- **Mai/Juni:** Fronleichnam *(Boże Ciało)*
- **15. August:** Mariä Himmelfahrt *(Wniebowzięcie Najświętszej Maryi Panny)*
- **1. November:** Allerheiligen *(Wszystkich Świętych)*
- **11. November:** Unabhängigkeitstag *(Święto Niepodległości)*
- **25. und 26. Dezember:** Weihnachten *(Boże Narodzenie)*

- Als traditionelle Wasserstadt darf natürlich ein großes Seglertreffen im Danziger Veranstaltungskalender nicht fehlen: Auf der **„Baltic Sail"** kommen im **Juli** internationale Schiffe und Gäste auf den Gewässern rund um Danzig zusammen und bieten mit ihren Paraden und Regatten auch Landratten einen maritimen Augenschmaus (www.balticsail.pl).
- Ebenfalls im **Juli** begeistert das **Straßentheaterfest FETA** *(Festiwal Teatrów Plenerowych i Ulicznych FETA)* nicht nur eingefleischte Theaterfans. Eine ganze Woche lang präsentieren Mimen aus aller Welt auf dem Danziger Pflaster ihr Können (www.feta.pl).
- Im **Juli und August** zeigt das **Open-Air-Kinofestival „Orange Kino Letnie"** auf der Mole von Zoppot 46 auf riesigen Großleinwänden die Hingucker des Sommers – Meeresrauschen inklusive (www.orangekinoletnie.wp.pl).
- Das **Shakespearefestival** *(Festiwal Szekspirowski)* ist schon lange eine feste Größe des Danziger Kulturlebens: Jahr für Jahr finden im August/September mitreißende Theaterinszenierungen an verschiedenen Orten in der Stadt statt (www.shakespearefestival.pl).
- Unbestrittener Höhepunkt des Danziger Veranstaltungskalenders ist der **Dominikanermarkt** *(Festiwal św. Dominika Dusza Jarmarku)* in den **ersten drei Augustwochen** (gelegentlich beginnt er auch schon Ende Juli). Seit dem 12. Jh. zieht der alljährlich stattfindende Markt Händler und Gaukler aus allen Himmelsrichtungen an. Heute ist er eine Touristenattraktion und umfasst neben Kleinkunst und Souvenirständen auch einen großen Flohmarkt, Theateraufführungen und viele Konzerte.
- Ein Sportevent der ganz besonderen Art findet jährlich **Mitte August** statt: Während des Danziger **Solidarność-Marathons** *(Maraton Solidarności)* begeben sich Tausende von Ausdauersportlern über eine Distanz von 42,195 Kilometern auf die Spuren der berühmten Gewerkschaftsbewegung (weiterführende Infos unter www.maratongdansk.home.pl).
- Während des **Orgelmusikfestivals** *(Międzynarodowy Festiwal Muzyki Organowej)* im Dom zu Oliva 43 im **Juli und August** präsentieren internationale Solisten ihr Können (mehr dazu auf www.filharmonia.gda.pl).
- Ein Ohrenschmaus der ganz besonderen Art ist zudem das im August stattfindende **Internationale Mozartfestival „Mozartiana"** *(Międzynarodowy Festiwal Mozartowski „Mozartiana")* im Schlosspark 42 und Dom zu Oliva 43. Weitere Informationen findet man unter unter www.mozartiana.pl.

- Noch mehr Musik gibt es bei den **Danziger Jazznächten** (*Gdańskie Noce Jazzowe*) im **August** auf die Ohren. Und im Ambiente der malerischen Waldbühne (Teatr Leśny, s. S. 92) im Gutenberghain klingt der polnische Jazz noch gefühlvoller (www.teatrlesny.pl).

Herbst

- Meist im **September** lockt die **„Grassomania“** in Langfuhr (Wrzeszcz) mit Vorträgen, Ausstellungen und Performances rund um das Schaffen des Literaturnobelpreisträgers Günter Grass. Als Veranstalter fungiert die Danziger Günter-Grass-Galerie (s. S. 68).
- Zoppot gilt als Geburtsort des polnischen Jazz. 1956 versammelten sich dort beim ersten großen polnischen Jazz-Festival 25.000 junge Menschen, um die Rhythmen der freien Welt zu spüren. Seitdem groovt das **Sopot Jazz Festival** jedes Jahr an vier Tagen im **Oktober** (www.sopotjazz.pl).
- Der **1. November** ist in ganz Polen ein wichtiger Feiertag: der Tag von **Allerheiligen** (*Wszystkich Świętych*). Familien und Freunde gedenken an diesem Tag ihrer Verstorbenen und stellen Totenlichter an die Gräber. Ein stiller Spaziergang durch ein solches Lichtermeer ist ein ganz besonderes Erlebnis.
- Das **Kunstfestival „Narrations“** *(„Narracje“)* ist dem urbanen Genius Loci mit Licht- und Videoinstallationen auf der Spur – und verwandelt Danzig **jeden November** für ein paar Tage und besonders Nächte in einen mystischen Ort (www.narracje.eu).

Winter

- Der **Danziger Heiligabend** *(Gdanska Wigilia)* wird am **21. Dezember** auf dem Langen Markt 7 gefeiert. Auf dem Weihnachtsmarkt (Jarmark Bożonarodzeniowy) am Kohlenmarkt (Targ Węglowy) [C4] lassen sich ab Anfang Dezember allerlei Handarbeiten und Leckereien erstehen.
- Mit einer großen **Silvesterparty** inklusive Festkonzert und Feuerwerksshow wird das Neue Jahr (*Nowy Rok*) im Danziger Stadtzentrum begrüßt.
- Am **zweiten Sonntag im Januar** steigt das Finale einer Wohltätigkeitsaktion des **Großen Orchesters der Weihnachtshilfe** *(Wielka Orkiestra Świątecznej Pomocy)*, bei dem im ganzen Land Straßenkonzerte und Auktionen zugunsten kranker Kinder veranstaltet werden. Wer bei den vielen jungen Helfern etwas spendet, bekommt als Dank rote Herzaufkleber, die noch lange überall in der Stadt zu entdecken sind (www.wosp.org.pl).

DANZIG VERSTEHEN

003dz Abb.: ab

Das Antlitz der Metropole

Danzig ist eine farbenfrohe Stadt: Blau rauscht das Meer, ziegelrot glüht der Backstein der Kirchen und Gemäuer in der Sonne, honiggelb schimmert der Bernstein und sattgrün leuchtet das hügelige Hinterland der Kaschubei. Im Sommer, wenn zahlreiche Gäste die Stadt bevölkern, herrscht im historischen Zentrum ein buntes Treiben, besonders zum Dominikanermarkt im August (s. S. 95). In einigen Außenvierteln jenseits der Innenstadt und in den alten Danziger Vororten dominiert aber auch das Grau monotoner Plattenbauten.

Etwas weniger als **eine halbe Million Einwohner** leben in Danzig (Gdańsk). Nördlich der Stadt liegen das Seebad Zoppot (Sopot) und die Hafenstadt Gdingen (Gdynia). Zusammen bilden sie die **Metropolregion der Dreistadt (Trójmiasto)**, in der rund 750.000 Menschen ihr Zuhause haben. Damit gehört der Ballungsraum an der Ostsee nach Warschau, Krakau und dem Oberschlesischen Metropolenverbund zu den größten Städteregionen Polens.

Wasser prägt das Antlitz Danzigs: Das historische Zentrum liegt am Ufer der **Mottlau (Motława)**, im Nordosten der Stadt erstreckt sich die Danziger Bucht und wenige Kilometer östlich von Danzig mündet die Weichsel (Wisła), Polens längster Fluss, in die Ostsee. Jahrhundertelang verdankte Danzig dem Wasser seinen Reichtum, heute verleiht es der Stadt vor allem Flair. Im Westen und Südwesten Danzigs erstreckt sich die **Kaschubei (Kaszuby)**, eine **Seenlandschaft**, die nach den dort lebenden Kaschuben (s. Exkurs S. 100) benannt ist.

Danzigs Viertel

Das historische Zentrum Danzigs ist die **Rechtstadt (Główne Miasto).** Mit ihren hübsch renovierten Bürgerhäusern, den imposanten Backsteinbauten und unzähligen Cafés und Restaurants ist sie der magische Anziehungspunkt für Besucher der Stadt.

Fast vergisst man dabei, dass die Danziger Innenstadt in den letzten Kriegstagen **1945 fast vollständig zerstört** worden war. Nach dem Krieg entbrannte eine leidenschaftliche Diskussion darüber, in welcher Form sie wieder aufgebaut werden sollte. Mancher plädierte dafür, das in Schutt und Asche liegende Stadt-

Vorseite: Spritztour vor historischer Mottlau-Kulisse

Blick vom Hagelsberg 33 *bis zur Danziger Werft* 31

zentrum als Mahnmal gegen den Krieg zu belassen und Danzig direkt an der Küste wieder aufzubauen. Andere wollten die Ruinen gänzlich abräumen und eine moderne Stadt mit Verwaltungszentrum und Wohnblöcken errichten. Schließlich aber wurde die Rechtstadt in Anlehnung an ihre alte Bebauung wieder errichtet – allerdings mit viel geringerer Baudichte und etlichen grünen Hinterhöfen. In der nördlich der Rechtstadt gelegenen **Altstadt (Stare Miasto)** hingegen wurden aus Kostengründen lediglich die wichtigsten historischen Gebäude wieder aufgebaut.

Von der **historischen Stadtmitte** ziehen sich Danzigs Viertel nach Westen und entlang der Danziger Bucht gen Norden. Wichtige Verwaltungsgebäude reihen sich um das historische Stadtzentrum. Für viele Einwohner Danzigs stellt die Innenstadt daher nicht notwendigerweise das Zentrum des städtischen Lebens dar.

Vor allem die **Stadtteile nördlich der Danziger Innenstadt** entfalten mehr und mehr ein eigenständiges Leben. Bei jungen Menschen besonders beliebt ist der **Ortsteil Langfuhr (Wrzeszcz)**. Dort, wo einst Günter Grass aufwuchs, trifft heute die bunte Welt der großen Einkaufsgalerien auf graue Straßenzüge im Dornröschenschlaf, die ihrer baldigen Aufwertung harren.

Nördlich von Langfuhr schließen sich die **Plattenbauviertel Zaspa und Przymorze** an, die in den 1970er- und 1980er-Jahren erbaut wurden. In Przymorze wurde auch die Universität Danzig errichtet, an der heute über 30.000 junge Menschen studieren. Noch ein Stück weiter im Norden befindet sich der **historische Ortsteil Oliva (Oliwa)**, der noch bis in die

KURZ & KNAPP

Die Stadt in Zahlen

Erste Erwähnung: 997
Einwohner: rund 463.000 (2016)
Bevölkerungsdichte: 1767 Einwohner je km^2
Fläche: 262 km^2
Höhe ü. M.: bis zu 180 Meter

1920er-Jahre eine selbstständige Stadt war und vor allem durch seinen Dom 43 und den umliegenden Park unter den Danzigern große Beliebtheit genießt.

Direkt am Strand der Danziger Bucht liegen die beiden **ehemaligen Fischerdörfer Brösen (Brzeźno) und Glettkau (Jelitkowo).** Sie sind heute beliebte Ausflugsziele und in nur wenigen Minuten mit der Straßenbahn erreichbar. Über eine Promenade für Spaziergänger, Radfahrer und Skater direkt an der Ostsee sind sie mit dem **mondänen Seebad Zoppot (Sopot)** verbunden.

Von den Anfängen bis zur Gegenwart

Die Geschichte ihres Landes hat für die Polen eine ausgesprochen große Bedeutung. Oft genug wurde das Gebiet zum Spielball fremder Interessen und nicht nur seine Teilungen und die Besatzungszeit im Zweiten Weltkrieg – der in Danzig seinen Anfang nahm – haben sich schmerzhaft in das historische Gedächtnis der polnischen Bevölkerung eingegraben. Doch auch Erfolgsgeschichte wurde in Polen geschrieben: Eine friedliche Revolution,

Die Kaschuben

Westlich und südwestlich von Danzig erstreckt sich die Kaschubei, jene ***hügelige Wald- und Seenlandschaft,*** *die seit Jahrhunderten vom westslawischen Volksstamm der Kaschuben bewohnt wird. Lange galt dessen Kultur als bäuerlich und rückständig, doch seit einigen Jahren erfreuen sich die kaschubische Sprache, Volkskunst und Tradition* ***wieder großer Beliebtheit.*** *Bunte, siebenfarbige Blumenstickereien, markante Holzschnitzkunst, in Dosen aus Rinderhorn verwahrter Schnupftabak und gesangsfreudige Festrunden prägen das heutige Bild vom kaschubischen Brauchtum.*

Über lange Zeit aber hatten die Kaschuben darunter zu leiden, dass ***Deutsche und Polen versuchten, sie sprachlich und kulturell zu assimilieren.*** *Denn das Siedlungsgebiet der Kaschuben im historischen Pommerellen und dem östlichen Hinterpommern war immer von einer deutsch-polnischen Rivalität geprägt. „[D]e Kaschuben […] missen immer […] Koppchen hinhalten, damit de anderen drauftäppern können, weil unserains nich richtich polnisch is und nich richtich deitsch jenug, und wenn man Kaschub is, das raicht weder de Deitschen noch de Pollacken. De wollen es immer jenau haben!“, so erklärt Anna Koljaiczek ihrem Enkel Oskar Matzerath das Schicksal der Kaschuben in Günter Grass' „Die Blechtrommel“.*

Die Diskussion im 19. und frühen 20. Jahrhundert, ob Kaschuben denn nun „eher deutsch oder polnisch“ seien, scheint heute entschieden: Bei einer ***Volksbefragung*** *im Jahr 2011 bezeichneten sich 228.000 Menschen in Polen als Kaschuben – und fast niemand von ihnen hatte ein Problem damit, sich zugleich als Pole zu fühlen.*

Weit gebracht hat es der ***Danziger Kaschube Donald Tusk.*** *Er war polnischer Ministerpräsident und ist seit 2014 EU-Ratspräsident. Aber auch in Deutschland gibt es noch einige Menschen, die sich ihrer kaschubischen Wurzeln bewusst sind. Der Literaturnobelpreisträger* ***Günter Grass*** *ist mit Sicherheit ihr bekanntester Vertreter.*

die auf der Danziger Werft 31 begann, hatte in der Folge Auswirkungen auf die Entwicklung des gesamten Ostblocks.

997 Erste schriftliche Erwähnung Danzigs als „Gyddanyzc", ausgelöst durch die Meldung über den Tod von Bischof Adalbert von Prag (um 956–997), der im Zuge seiner Missionierung der Pruzzen (Preußen) an diesem Ort erschlagen wurde.

10. Jh. Erste Ansiedlung an der Mottlau zu Zeiten des Piastenherrschers Mieszko I.

1295 Nach Erbschaftskämpfen infolge des Todes von Pomerellenherzog Swantopolk des Großen (1195–1266) gehört Danzig zu Polen und tritt der Hanse bei. Die Stadt hat es durch blühenden Handel, Fischfang und den Verkauf von Bernstein bereits zu einem ansehnlichen Reichtum gebracht.

1308 Der Deutsche Orden nimmt Danzig ein. Die begleitenden Kämpfe sind als „Danziger Blutbad" über Jahrhunderte hinweg unter polnischen und deutschen Historikern ob der wahren Opferzahl heiß umstritten. Die Stadt wird stark zerstört.

1343 Die Danziger Rechtstadt bekommt durch den Deutschen Orden die Stadtrechte verliehen.

1454 In den Kriegswirren zwischen Preußischem Bund und Deutschem Orden unterstellt sich Danzig der polnischen Krone und erhält kurze Zeit später die Privilegien einer freien Stadtrepublik unter polnischem Schutz.

1772 Mit der ersten polnischen Teilung enden die goldenen Jahre der Stadt, die nun mit einer Erschwerung des Handels zu kämpfen hat. Danzig ist als Enklave von Preußen und seinen Zollgrenzen umschlossen.

1793 Im Zuge der zweiten polnischen Teilung wird Danzig von Preußen annektiert.

1807 Nach dem Sieg Napoleons existiert der Freistaat „Republik Danzig" sieben Jahre lang unter französischer Vorherrschaft.

1815 Danzig wird als Regierungsbezirk der Provinz Westpreußen wieder preußisch.

1919 Nach dem Ersten Weltkrieg und dem Vertrag von Versailles bildet Danzig eine Zollunion mit Polen.

1920–1939 Ab 1920 steht Danzig als Freie Stadt unter der Kontrolle des Völkerbundes.

1939 Mit dem Beschuss der Westerplatte 39 und dem Angriff auf die Polnische Post 24 nimmt der Zweite Weltkrieg in Danzig seinen Anfang. Danzig begrüßt „seinen Führer" in der nun zum Deutschen Reich gehörenden Stadt.

1945 In den letzten Kriegstagen wird die Innenstadt zu 90 % zerstört. Nach einer Westverschiebung der polnischen Staatsgrenzen laut dem Potsdamer Abkommen gehört Danzig wieder zu Polen. Seine deutsche Bevölkerung flüchtet oder wird in den Nachkriegsjahren fast vollständig vertrieben.

1970 Bei Protesten gegen Preiserhöhungen im mittlerweile kommunistischen Polen kommt es zu Unruhen, die von der Danziger Lenin-Werft ausgehen. Das Regime schlägt die Demonstrationen blutig nieder.

1980 Erneute Proteste münden in einen großen Streik. Zu den Erfolgen gehören die Gründung einer freien Gewerkschaft, der Solidarność (s. Exkurs s. S. 40), und die Errichtung eines Denkmals für die getöteten Werftarbeiter von 1970 30.

1981 Nach der Verhängung des Kriegsrechts am 13. Dezember wird die Solidarność verboten und in den Untergrund gedrängt.

1989 Bei den Juniwahlen präsentiert sich die Solidarność als ernst zu nehmende politische Kraft. Der Ostblock bricht zusammen und der ehemalige Arbeiterführer Lech Wałęsa wird der erste frei gewählte Präsident Polens.

107dz Abb.: ab

1997 Danzig feiert sein 1000-jähriges Jubiläum mit der Enthüllung des Milleniumskreuzes auf dem Hagelsberg 33.

2004 Polen tritt der Europäischen Union bei. Drei Jahre später werden durch den Beitritt zum Schengen-Raum die Grenzkontrollen zwischen Deutschland und Polen aufgehoben.

2010 Die Flugzeugkatastrophe von Smolensk, in deren Folge neben Präsident Lech Kaczyński (1949–2010) und seiner Frau Maria zahlreiche hochrangige Persönlichkeiten des öffentlichen Lebens zu Tode kommen, löst in Polen einen Schockzustand aus. Unter den Opfern ist auch eine Symbolfigur der Solidarność, die Danzigerin Anna Walentynowicz (1929–2010, s. Exkurs s. S. 42).

2012 Auch Danzig ist Austragungsort der in Polen und der Ukraine stattfindenden Fußball-EM. Die Stadt, die sich als moderner und herzlicher Gastgeber präsentiert, erfährt einen enormen Entwicklungsschub.

2014 Eröffnung des Europäischen Zentrums der Solidarność 29

2017 Eröffnung des Museums des Zweiten Weltkriegs 23

Weltbekannt: der rote Schriftzug der polnischen Gewerkschaft Solidarność

Leben in der Stadt

In den Sommermonaten pulsiert das Leben in Danzig. Dann drängeln sich unzählige Touristen im historischen Zentrum der Stadt, füllen die Cafés und Restaurants, besichtigen Museen oder bummeln über die zahlreichen Feste. An den Stränden Danzigs liegen badefreudige Einheimische und Besucher dicht an dicht. Sobald es aber kälter wird und die Sonne früher am Horizont verschwindet, wird es in der Stadt ruhiger. Touristen trifft man dann nur noch selten an. Zeit für die Danziger, sich dem alltäglichen Leben mit all seinen Herausforderungen zu widmen.

Warschau als Hauptstadt und Krakau als selbsternannter kultureller Hotspot Polens sind sicher die beiden bedeutendsten Städte des Landes. Und danach? Danzig? In wirtschaftlicher, kultureller und politischer Hinsicht gibt es in Polen eine Reihe von Städten, die Danzig mindestens ebenbürtig sind. Für Urlauber aber ist die an Mottlau und Ostsee gelegene Metropole nach Krakau die attraktivste des Landes.

Danzig und seine Bewohner

Ein bisschen gleichen die Danziger dem **Menschenschlag aus Norddeutschland:** etwas zurückhaltend, manchmal leicht wortkarg, aber meist sehr nett und freundlich – und vor allem sind sie **stolz auf ihre Herkunft.** Dabei wohnen die meisten Danziger erst in zweiter oder dritter Generation an der Ostsee: „Als 1945 die neuen Bewohner Danzigs, Polen aus verschiedenen Gegenden der Vorkriegsrepublik, in der zerstörten Stadt eintrafen, gab es dort kein Danziger Gedächtnis, denn es war mit den

Tausenden von Deutschen, die über Land oder über die Ostsee aus Danzig flohen oder vertrieben wurden, verschwunden." Das schreibt der **Danziger Schriftsteller Stefan Chwin.** Er nennt die Stadt einen „Ort der doppelten Vertreibung", denn nicht nur die alten Danziger mussten nach dem Krieg ihre Stadt verlassen – auch die neuen Bewohner waren gezwungen worden, ihrer alten Heimat im Osten Polens den Rücken zu kehren.

Die **Suche nach einer eigenen Identität** dauert in Danzig bis heute an. Und während zwei alte Mythen zum Wesen der Stadt und ihrer Bewohner (s. unten) längst der Vergangenheit angehören, erfreut sich aktuell ein neuer Mythos in Danzig großer Beliebtheit: Man gefällt sich als **multikulturelle Stadt** und untermauert diese Sichtweise, indem man bewusst auf die Vergangenheit Bezug nimmt.

Danzig und seine Mythen

Zwei Mythen prägten lange Zeit das Selbstverständnis vieler Danziger: Vor dem Zweiten Weltkrieg versicherte man sich immer wieder, Danzig sei stets **eine deutsche Stadt** gewesen und werde es auch bleiben. Nach dem Krieg lautete die neue Prämisse, Danzig sei immer eine **polnische Stadt** gewesen – die allerdings einige Zeit lang unter der Knute des Deutschen Ordens und später der Herrschaft Preußens stand.

Der Historiker Peter Oliver Loew hat diese Mythen auf überzeugende Weise widerlegt. Das als **slawisches Fischerdorf** gegründete Danzig war bis in das 19. Jahrhundert eine überwiegend deutschsprachige Stadt, deren Kultur jedoch weder genuin deutsch noch eindeutig polnisch geprägt war. Ihre Identität zog die für kulturelle Einflüsse offene Stadt vor allem aus ihrer **Eigenständigkeit als Handelsstadt** sowie den **Beziehungen zum Königreich Polen und zu Preußen.** Erst im 20. Jahrhundert identifizierten sich ihre Bewohner tatsächlich zunächst mit Deutschland. Nach dem Zweiten Weltkrieg und einem fast vollständigen Austausch der Bevölkerung empfanden sich die neuen Einwohner des frischgebackenen Gdańsk ganz selbstverständlich als Polen.

Von der deutschen Vergangenheit Danzigs nahm man nach 1945 lange Zeit kaum Notiz. Spätestens seit 1989 aber wurde das anders: Den Anfang machte der heutige **EU-Ratspräsident Donald Tusk,** der unter dem Titel „Einst in Danzig" **historische Fotoalben aus der Vorkriegszeit** veröffentlichte und damit eine neue Phase der Auseinandersetzung mit der Danziger Vergangenheit einläutete.

In den letzten beiden Jahrzehnten entwickelte sich daraus **der neue Mythos,** Danzig sei seit Jahrhunderten eine multikulturelle Stadt gewesen, in der Deutsche, Polen und andere Nationalitäten friedlich nebeneinander lebten und leben. Von einer solchen **kulturellen Vielfalt** war Danzig jedoch in der Realität immer weit entfernt. Es dominierte stets nur eine einzige Stadtkultur, wenngleich diese für äußere Einflüsse durchaus aufgeschlossen war.

Gleichwohl ist die Beschreibung Danzigs als **weltoffene und multikulturelle Metropole an der Ostsee** weit verbreitet. Wahrscheinlich ist dieser Mythos auch deshalb so beliebt, weil er einen sympathischen Ausweg aus der eher stupiden Debatte aufzeigt, ob Danzig nun eine deutsche oder doch eine polnische Stadt sei.

031dz Abb.: ab

Danzig und die große Politik

In den 1980er-Jahren war Danzig ein **Zentrum der polnischen Opposition.** Auf der Danziger Werft hatte die Unabhängige Selbstverwaltete Gewerkschaft „Solidarność“ (deutsch: „Solidarität“, siehe Exkurs s. S. 40) ihre Basis. Heute wird die große Politik aber wieder in der Hauptstadt Warschau gemacht.

Allerdings haben die Danziger mit ihrem **liberalen Bürgermeister Paweł Adamowicz** einen ehrgeizigen Politiker von landesweitem Gewicht, der seit über zehn Jahren die Geschicke der Stadt leitet. Auch er wird sicher irgendwann einmal den Schritt nach Warschau wagen – so wie viele einflussreiche Staatsmänner, die ihre **ersten politischen Gehversuche im Danzig** der 1980er-Jahre unternommen haben: Polens ehemalige Präsidenten Lech Wałęsa, Aleksander Kwaśniewski und Lech Kaczyński etwa zogen von der Ostseemetropole in die Hauptstadt. Auch der ehemalige Ministerpräsident Polens und heutige EU-Ratspräsident **Donald Tusk** ist ein **waschechter Danziger.**

Danzigs Wieder- und Wiederaufbau

Die Rekonstruktion der nach dem Krieg völlig zerstörten, einst so prachtvollen Handelsstadt war eine architektonische Meisterleistung: Mit der bewussten Entscheidung für einen historischen **Wiederaufbau** stieg das **„neue alte Danzig“** wie ein Phönix aus der Asche. Doch hinter aufgeräumten Fassaden verträgt sich so manches Detail nicht mit den inneren Befindlichkeiten. Das gilt sowohl für die Innenarchitektur, die oft in erstaunlichem Widerspruch zur Front des rekonstruierten Hauses steht, als auch für die Identität seiner Bewohner, die zwischen deutschen Alltagsgegenständen die deutsche Vergangenheit der Stadt vergessen sollten.

Es waren unter anderem junge Schriftsteller wie Stefan Chwin und Paweł Huelle (s. S. 116), die sich als engagierte Spurensucher intensiv mit dem **multiethnischen Erbe Danzigs** auseinandersetzen – und somit einen gesellschaftlich sehr notwendigen literarischen Wiederaufbau betrieben.

Danzig und seine Touristen

Danzigs verworrene Geschichte, seine malerische Innenstadt und das Meer vor der Haustür locken Jahr für Jahr etwa zwei Millionen Besucher an; darunter waren 2015 **mehr als 700.000 ausländische Gäste.** Die meisten von ihnen kamen **aus Deutschland** und waren nicht zum ersten Mal in der Ostseemetropole.

Als im August 2012 die **Visapflicht für Russen aus Kaliningrad aufgehoben** wurde, strömten viele Tagestouristen von dort nach Danzig – vor allem in die großen Einkaufsgalerien der Stadt. Seit der politischen Krise 2014 aber ist die Zahl russischer Besucher spürbar zurückgegangen und der kleine Grenzverkehr inzwischen ausgesetzt worden.

Danzig und seine Studenten

Auch wenn es auf den ersten Blick nicht so wirkt: Danzig ist auch eine **Universitäts- und Studentenstadt.** Über 90.000 Studierende sind an den sechs staatlichen Universitäten und Akademien der Stadt sowie an den privaten Hochschulen eingeschrieben. Am größten ist die **Universität Danzig (Uniwersytet Gdański)** mit etwa 30.000 Studierenden .

Da viele Hochschulen ihren **Campus** jedoch **nicht in der Innenstadt** haben, geht das Flair einer Studentenstadt etwas verloren. Das studentische Leben verteilt sich in der ganzen Metropole und verlagert sich häufig nach Zoppot, das näher am Campus der Danziger Universität liegt als die Innenstadt.

Danzigs Wirtschaft

Denkt man an Danzigs Wirtschaft, so fällt einem als Erstes der **Schiffsbau** ein. Doch die Danziger Werft (31) lässt nur noch wenige Schiffe vom Stapel und hat wirtschaftlich längst ihre dominierende Stellung verloren.

Chemie- und erdölverarbeitende Industrie, große **Lebensmittelhersteller** und ein wachsender Anteil von **Elektronik-, Telekommunikations- und IT-Unternehmen** prägen heute den industriellen Sektor der Stadt. Für die lokale Wirtschaft sind außerdem der **Tourismus** und die mit ihm eng verbundene **Bernsteinverarbeitung** von großer Bedeutung. Vom wirtschaftlichen Aufschwung zeugen auch die großflächigen Einkaufsgalerien, Gewerbe- und Industrieparks, die in den letzten Jahren in beachtlicher Zahl in Danzig entstanden sind.

In der Arbeitslosenstatistik schlägt sich die **relativ gute Wirtschaftslage** der Stadt ebenfalls nieder: Während in der Region um Danzig und im landesweiten Durchschnitt die Arbeitslosigkeit bei etwa acht Prozent (Anfang 2017) liegt, ist sie in Danzig um gut die Hälfte niedriger. Dennoch ist es gerade für junge Leute nicht leicht, einen Einstieg ins Berufsleben zu finden.

060dz Abb.: wg

1945: Danzig in Schutt und Asche (s. S. 106)

Danzigs Museum des Zweiten Weltkriegs

Im März 2017 wurde das Museum des Zweiten Weltkriegs 23 in Danzig eröffnet. Es verwebt das Schicksal Polens mit all den europäischen Zusammenhängen der großen Katastrophe des 20. Jahrhunderts. Doch die Freude über ein Geschichtsmuseum von gesamteuropäischer Bedeutung wird von einem schwer verständlichen **Streit über die Geschichtspolitik Polens** überschattet.

Nachdem die nationalkonservative **Partei Recht und Gerechtigkeit (PiS)** bei den Parlamentswahlen im Oktober 2015 die absolute Mehrheit der Sitze errungen hatte, begann sie mit einem **weitreichenden Umbau der polnischen Gesellschaft und ihrer Institutionen.** So schnell wie möglich wollte die neue Regierung die Macht im Staat allumfassend in ihren Händen halten. Hierdurch vertiefte sich die Spaltung der polnischen Gesellschaft massiv. In der Folge begannen Frauenrechtsgruppen und das „Komitee zur Verteidigung der Demokratie", ihren Protest auf die Straße zu tragen.

Auch das Museum des Zweiten Weltkriegs geriet ins Visier der neuen Regierung. Ihre Kritik entzündete sich an dem Vorhaben, Danzigs und Polens Geschichte in ein größeres, europäisches Bild einzufügen und das Schicksal der Menschen in ganz Europa in den Mittelpunkt der Darstellung zu rücken. Zu sehr nehme das Museum die Leiden und Zerstörungen des Krieges in den Fokus, so der Vorwurf, statt Patriotismus, Opferbereitschaft und Heldengeschichten der Polen hervorzuheben – obwohl die polnischen Erfahrungen durchaus ausführlich dokumentiert werden.

Allerdings ließ sich die Konzeption des Museums nicht so einfach ändern – und der Gründungsdirektor **Paweł Machcewicz** nicht ohne Weiteres absetzen. Dafür waren Maßnahmen notwendig, die beispielhaft die **Politik des „Durchregierens"** der PiS illustrieren.

Zunächst wurde im Jahr 2015 das nur aus wenigen Schautafeln bestehende **Museum Westerplatte** gegründet, um dieses ein halbes Jahr später mit dem Museum des Zweiten Weltkriegs zusammenzulegen. Dahinter steckte eine einfache Überlegung: Nach polnischem Recht ist es in diesem Fall möglich, die Verträge beider bisheriger Direktoren aufzulösen und einen neuen Museumsdirektor zu ernennen. Als am 5. April 2017 das Oberste Verwaltungsgericht in letzter Instanz die Zusammenlegung beider Museen für rechtens erklärte, wurde tags darauf der Gründungsdirektor **Paweł Machcewicz** durch den weithin unbekannten Danziger Historiker **Karol Nawrocki** ersetzt. Zuvor hatte Machcewicz jedoch Tatsachen geschaffen und das Museum in Sorge um seine Ausstellung am 23. März 2017 in aller Eile eröffnet.

Wie sich das Schicksal des Museums des Zweiten Weltkriegs weiter entwickeln wird, ist gegenwärtig (Stand: Mai 2017) völlig unklar. Zwar erklärte der polnische Kulturminister Piotr Gliński im März 2017, er wolle das Museum des Zweiten Weltkriegs nicht schließen, sondern lediglich seine „Funktionsweise rationalisieren". Dennoch fürchten die Gegner der PiS-Regierung um die Zukunft der Museumsausstellung in ihrer jetzigen Form.

PRAKTISCHE REISETIPPS

113dz Abb.: ab

An- und Rückreise

Einreisebestimmungen

Seit Polen 2007 dem **Schengenraum** beigetreten ist, existieren bei der Einreise in das östliche Nachbarland Deutschlands keine regulären Grenz- und Zollkontrollen mehr. EU-Bürger müssen dennoch einen **Ausweis oder Reisepass** mit sich führen, wenn sie nach Polen einreisen möchten.

Reisen Kinder nur mit einem Elternteil, kann sowohl bei der Ausreise als auch bei der Einreise eine Einverständniserklärung des anderen Elternteils erforderlich sein. Detailinfos erhält man beim Auswärtigen Amt und beim zuständigen Konsulat.

Mit dem Auto

Das Straßennetz rund um Danzig ist gut ausgebaut und beschildert, sodass einer Anreise mit dem eigenen Pkw nichts im Wege steht. Die Anfahrt aus Deutschland empfiehlt sich erst über die **Schnellstraße nach Stettin** und dann weiter über die **Staatsstraße 6 (Europastraße 28).**

Aus dem Süden von Toruń (Thorn) kommend, nimmt man die **A1** (auch als Europastraße E 75 bezeichnet), die allerdings **mautpflichtig** ist. Die **Mautgebühr** wird direkt bei der Auffahrt auf die Autobahn an Automaten kassiert. Fahrzeuge mit einem Gesamtgewicht von mehr als 3,5 Tonnen (auch Pkw mit Anhänger oder Wohnwagen) müssen vorher im elektronischen Mautsystem viaTOLL registriert werden.

› **viaTOLL**, www.viatoll.pl/de

Vorseite: Auch wenn es frisch ist, kann man am Strand die Seele baumeln lassen

Mit der Bahn

Einmal täglich fährt ein **Eurocity (EC) von Berlin Hauptbahnhof** aus nach Danzig. Diese Fahrt dauert gut sechseinhalb Stunden und erspart ein lästiges Umsteigen. Tickets hierfür kann man regulär bei der Deutschen Bahn kaufen. Etwas **kostengünstiger** ist die Variante, mit einem **Regionalzug bis Stettin** zu fahren und dort in einen preiswerten polnischen Zug umzusteigen. Dementsprechend verlängert sich allerdings auch die Fahrtzeit.

Für **Reisende aus Österreich** empfiehlt sich die Fahrt über Warschau, **Schweizer** steigen am besten in Berlin um. Allerdings dauert die Zugfahrt aus der Schweiz gut 15 bis 20 Stunden.

Vom **Danziger Hauptbahnhof** aus gelangt man **zu Fuß** in **ungefähr zehn Minuten** in das Herz der Ostseemetropole.

•**100** [C3] **Danzig Hauptbahnhof (Dworzec Gdańsk Główny),** Podwale Grodzkie 1

Sowohl die Deutsche Bahn als auch die Österreichische Bundesbahn und die Polnischen Staatsbahnen bieten für die genannten Direktverbindungen preiswerte **Spartickets** an, die man allerdings einige Zeit im Voraus kaufen muss.

Wer in Grenznähe wohnt, sollte sich über **innerpolnische Zugverbindungen** informieren – denn diese sind im Vergleich zu deutschen Bahnpreisen noch immer **kostengünstiger.**

Auskünfte über Preise und aktuelle Spartarife erhält man in den Reisezentren der Bahnunternehmen oder direkt bei:

Anreise per Bus: mit Land und Leuten auf Tuchfühlung gehen

052dz Abb.: mb

- **Deutsche Bahn:** www.bahn.de, Tel. 0180 5996633 (14 Ct./Min. aus dem dt. Festnetz)
- **Österreichische Bundesbahn:** www.oebb.at, Tel. 051717 (österreichweit zum Ortstarif)
- **Schweizerische Bundesbahn:** www.sbb.ch, Tel. 0900 300300 (1,19 CHF/Min.)
- **Polnische Staatsbahnen:** www.rozklad-pkp.pl

Mit dem Bus

Eine Anreise mit dem Bus ist vielleicht etwas weniger komfortabel, stellt aber eine **preiswerte Alternative** zu Bahn und Flugzeug dar. Danzig steht auf dem Fahrplan zahlreicher Busunternehmen aus Deutschland, Österreich und der Schweiz. Folgende Veranstalter steuern Danzig regelmäßig an:

- **Eurolines Deutschland:** www.touring.de, Tel. 0697903501
- **Eurolines Österreich:** www.eurolines.at, Tel. 017982900
- **Eurolines Schweiz:** www.alsa-eggmann.ch, Tel. 0900 573747 (1,49 CHF/Min.)
- **Berlin Linien Bus:** www.berlinlinienbus.de, Tel. 0303384480
- **Eurotrans:** www.eurotrans-bus.de, Tel. 02325589950

Der **internationale Busbahnhof** in Danzig befindet sich hinter dem Hauptbahnhof und ist von dort über einen Tunnel zu erreichen

- **101** [B2] **Busbahnhof (Dworzec PKS),** ul. 3 Maja 12, Tel. 583021532

Mit dem Flugzeug

Danzig ist in Zeiten des Billigflugverkehrs **unkompliziert und kostengünstig** zu erreichen: Die Fluglinie **Wizz Air** steuert die Ostseemetropole aus Köln, Dortmund und Hamburg/Lübeck an, **Air Berlin** von Berlin aus. **LOT Polish Airlines** startet in Frankfurt a. M. sowie in Hamburg und die etwas höherpreisige **Lufthansa** nimmt von München und ebenfalls von Frankfurt a. M. aus Kurs auf Danzig. Generell gilt: Wer Glück hat und früh genug bucht, kann schon Flüge für weniger als 40 € pro Strecke bekommen. Informationen über Flugverbindungen und Fluggesellschaften findet man auf der Homepage des **Danziger Flughafens (Kürzel: GDN)**:

- •102 **Lech-Wałesa-Flughafen (Port Lotniczy Gdańsk im. Lecha Wałęsy),** ul. Słowackiego 200, www.airport.gdansk.pl, Tel. 583481163

Der Flughafen liegt rund **fünfzehn Kilometer außerhalb der Stadt.** Eine **neue Linie der PKM** verbindet ihn und den Danziger Hauptbahnhof (Dworzec Główny) in 30 bzw. 45 Min. (mit Umstieg in Wrzeszcz). Am Automaten zu erwerbende Tickets kosten 3,50 Złoty. Mit dem **Bus Nr. 210** erreicht man das Stadtzentrum laut Fahrplan in 35 Min., Staus jedoch nicht eingerechnet. Einzelfahrscheine kosten 4 Złoty. Fahrkarten gibt es am Automaten oder direkt beim Fahrer. Bequemer ist es natürlich mit dem **Taxi:** Etwa 70 Złoty kostet eine Fahrt vom Flughafen ins Stadtzentrum.

Autofahren

Ein **Auto** ist **für den Besuch in Danzig nicht notwendig,** denn die meisten Sehenswürdigkeiten befinden sich im Stadtzentrum und sind gut zu Fuß erreichbar. Außerdem ist es schwierig, im Zentrum einen Parkplatz zu finden und auf den großen Verkehrsachsen der Stadt staut sich regelmäßig der Verkehr. Sehenswürdigkeiten außerhalb des Zentrums sind mit dem recht gut ausgebauten öffentlichen Nahverkehr meist problemlos zu erreichen. Trotzdem kann ein eigenes Auto vor Ort durchaus **hilfreich** sein, wenn man **Ausflüge in die Umgebung** unternehmen möchte.

Verkehrsregeln

Auto- und Motorradfahrer müssen in Polen das ganze Jahr auch tagsüber mit **Abblendlicht** fahren. Die **Alkoholgrenze** liegt mit **0,2 Promille** niedriger als in Deutschland, Österreich und der Schweiz. Außerdem sollte man wissen, dass **Straßenbahnen grundsätzlich Vorfahrt** haben und das Telefonieren mit dem Handy während der Fahrt ohne **Freisprecheinrichtung** verboten ist.

Folgende **Tempolimits** gelten in Polen: Innerorts darf man 50 km/h (von 23–5 Uhr 60 km/h), auf Landstraßen 90 km/h, auf zweispurigen Schnellstraßen 100 km/h, auf vierspurigen Schnellstraßen 120 km/h und auf Autobahnen höchstens 140 km/h fahren. Bußgelder müssen von Ausländern sofort bezahlt werden.

Wer nicht mit seinem eigenen Auto in Polen unterwegs ist, benötigt eine **Vollmacht des Fahrzeughalters.** Dieser muss bescheinigen, dass er dem Fahrer sein Auto zur Nutzung im Ausland überlassen hat. Eine entsprechende Vorlage ist zum Beispiel beim ADAC (s. S. 111) erhältlich. Dieser empfiehlt auch die Mitnahme der **Internationalen (Grünen) Versicherungskarte,** da sie als Versicherungsnachweis dient und bei einem Unfall die Abwicklung erleichtert.

Tanken

Tankstellen *(stacje benzynowe)* finden sich reichlich – entlang der Hauptreisestrecken sowie in Großstädten sind diese rund um die Uhr geöffnet. **Benzin** (*benzyna,* Super bleifrei: *Pb 95,* Super plus: *Pb 98*) **und Diesel** (*ON* bzw. *olej napędowy*) sind in der Regel etwa **10 Prozent günstiger** als in Deutschland, Österreich und der Schweiz.

Verkehrszonen und Parkplätze

Um die historischen Baudenkmäler zu schützen, ist die Zufahrt in die Danziger Rechtstadt eingeschränkt. Man erkennt diese (leider etwas schlecht ausgeschilderte) verkehrsberuhigte Zone an einem Durchfahrt-Verboten-Schild mit der Aufschrift **„Zakaz ruchu w obydwu kierunkach“**. Wer ohne Anwohnerausweis unbefugt in die Rechtstadt fährt, muss mit einer Geldstrafe von bis zu 500 Złoty rechnen. In einigen Gassen der Rechtstadt und den umliegenden Straßen der Altstadt finden sich **kostenpflichtige Parkzonen.** Eine Stunde Parken schlägt dort mit 3–4 Złoty zu Buche. **Parkscheine** gibt es an den in der Nähe befindlichen Automaten. An Sonn- und Feiertagen ist das Parken allerdings kostenfrei. Auch die Hauptverkehrsstraßen in Langfuhr (Wrzeszcz) sind Teil dieser kostenpflichtigen Parkzone.

Wer sein Auto lieber auf einem **bewachten Parkplatz** abstellt, findet im Stadtzentrum diverse Angebote, zum Beispiel:

P 103 [C2] **Parkhaus am Hotel Scandic,** ul. Podwale Grodzkie/ul. Rajska, 4 Złoty/Std., 40 Złoty/Tag

P 104 [D3] **Parkplatz an der Brigittenkirche,** ul. Katarzynki, 3 Złoty/Std.

P 105 [F6] **Parkplatz an der Musikakademie,** ul. Łąkowa 1–2, 4 Złoty/Std., 20 Złoty/Tag

Unfall und Pannen

Bei **Unfällen** muss **grundsätzlich die Polizei informiert** werden (**Tel. 997**), auch wenn nur Sachschäden vorliegen. Für die Schadensregulierung bei der eigenen Versicherung ist das **Schadensprotokoll** der Polizei notwendig. Außerdem sollten die Daten des Unfallgegners notiert werden.

Im Falle einer **Autopanne** wendet man sich am besten an den deutschsprachigen Notruf des ADAC in Polen oder setzt sich mit dem Autoklub seines Landes in Verbindung:

- **ADAC-Notrufstation in Polen** (deutschsprachig): Tel. 618319888
- **ADAC:** www.adac.de, Tel. +49 (0) 89222222
- **ÖAMTC:** www.oeamtc.at, Tel. +43 (0) 12512000
- **ARBÖ:** www.arboe.at, Tel. +43 (0) 8956060
- **TCS:** www.tcs.ch, Tel. +41 (0) 224172220

Mietwagen

In der **Vorhalle des Flughafens** (s. S. 110) und in der **Danziger Innenstadt** bieten zahlreiche Mietwagenfirmen ihre Dienste an:

• 106 [C2] **Avis,** ul. Podwale Grodzkie 9 (Hotel Scandic), www.avis.pl, Tel. 583006005, geöffnet: Mo.–Fr. 9–17 Uhr

• 107 **Budget,** ul. Juliusza Słowackiego 210, www.budget.com.pl, Tel. 583481298, geöffnet: Mo.–Fr. 9–16 Uhr

• 108 [D2] **Hertz,** ul. Heweliusza 22 (Hotel Mercure), www.hertz.com.pl, Tel. 583014045, geöffnet: Mo.–Fr. 8–16 Uhr

Barrierefreies Reisen

Reisen mit Behinderung ist in Danzig nicht ganz einfach. Viele Sehenswürdigkeiten sind in alten, nicht barrierefreien Häusern untergebracht. Danzigs wichtigste Flaniermeile – die **Langgasse** 4 – ist für Rollstuhlfahrer aber ganz gut zu bewältigen, ebenso die belebte **Uferpromenade** an der Mottlau [E4/5]. Wer nicht gut zu Fuß ist, kann das Zentrum auch mit den **Meleks-Elektrofahrzeugen** oder mit dem Linienbus 100 erkunden (s. S. 43). Empfehlenswert ist auch ein Ausflug auf den Zoppoter Seesteg, die Mole 46.

Barrierefrei zugänglich und mit einer behindertengerechten **Toilette** ausgestattet sind das **Zentrum für Maritime Kultur** 14, das **Europäische Zentrum der Solidarność** 29 und und der **Speicher „Blaues Lamm"** (s. S. 68) mit seinen archäologischen Ausstellungen.

Behindertengerechte Unterkünfte gibt es vor allem in den großen, neu gebauten Hotels in Danzig. **Barrierefreie Mobilität** ist in Danzig durchaus ein viel beachtetes Thema. Nach und nach wird der öffentliche Personennahverkehr barrierefrei umgerüstet. Die Straßenbahnen der Linie 2 und 12 fahren inzwischen komplett mit **Niederflurfahrzeugen.**

Diplomatische Vertretungen

- •**109** [bi] **Deutsches Generalkonsulat Danzig (Konsulat Generalny Niemiec),** al. Zwycięstwa 23, Tram 5, 6, 9, 11, 12 bis „Politechnika", www.danzig.diplo.de, Tel. +48 583406500, geöffnet: Mo.–Fr. 8–12 Uhr, telefonische Erreichbarkeit: Mo.–Do. 7.30–16.30 Uhr, Fr. 7.30–13.30 Uhr. In Notfällen ist das Generalkonsulat außerhalb der Bürozeiten unter folgenden Nummern zu erreichen: +48 601676949 (auf Deutsch), +48 605329089 (auf Polnisch).
- › **Österreichische Botschaft (Ambasada Austrii),** ul. Gagarina 34, Warschau, www.ambasadaaustrii.pl, Tel. +48 228410081, geöffnet: Mo.–Fr. 9–11 Uhr. Österreichische Staatsbürger können sich im Notfall auch an das Deutsche Generalkonsulat in Danzig wenden.
- › **Schweizerische Botschaft (Ambasada Szwajcarii),** Aleje Ujazdowskie 27, Warschau, Tel. +48 226280481, www.eda.admin.ch/warsaw, geöffnet: Mo.–Fr. 9–12 Uhr, telefonische Erreichbarkeit: Mo.–Do. 8–12.45 u. 13.30–17 Uhr, Fr. 8–13 Uhr. Die Schweiz verfügt über keine konsularische Vertretung in Danzig. In Notfällen außerhalb der Öffnungszeiten wenden sich Schweizer Staatsangehörige an die Helpline EDA: +41 800247365.

Geldfragen

In Polen wird in **Złoty** (**1 Złoty = 100 Groszy**) gezahlt. Auch wenn es weit gereifte Pläne für die **Einführung der europäischen Gemeinschaftswährung** gibt, dürfte das noch eine Weile so bleiben. Denn der Rückhalt in der Bevölkerung, den Złoty gegen den Euro einzutauschen, schwindet zunehmend.

Vorerst müssen Touristen also ihr Geld weiterhin in den zahlreichen **Wechselstuben** *(kantor)* der Stadt umtauschen. Meist ist der **Kurs in der Innenstadt günstiger** als am Haupt-

EXTRAINFO

Wechselkurs

Der Wechselkurs des Złoty schwankte in den letzten Jahren nur minimal. Als groben Richtwert kann man aber einen **Kurs von 1 : 4** annehmen. Der aktuelle Wechselkurs (Stand: Mai 2017) lautet:

1 Złoty	= 0,24 € bzw. 0,25 SFr
1 €	= 4,24 Złoty
1 SFr	= 3,97 Złoty

Tagesaktuelle Kursangaben findet man z. B. auf www.oanda.com.

053dz Abb.: mb

bahnhof, am Flughafen oder im Hotel. Allerdings sollte man in der Wechselstube darauf achten, ob mit dem guten Verkaufskurs für Euros geworben, der **(schlechte) Ankaufskurs** aber verschwiegen wird. Auch gilt der angegebene Wechselkurs manchmal erst ab einer bestimmten Summe.

Bargeld erhält man auch an den zahlreich vorhandenen **Bankautomaten.** Allerdings sind in letzter Zeit immer mehr polnische Banken dazu übergegangen, einen angeblich „sicheren Wechselkurs" vorzuschlagen, der weit unter dem regulären Kurs liegt. Als zuverlässig haben sich die Automaten der **Millennium-Bank** erwiesen. Vorsicht beim Bezahlen: Die neuen Złoty-Scheine aus den Automaten kleben gern zusammen.

Das bargeldlose Zahlen wird auch in Danzig immer beliebter. In vielen Hotels, Restaurants und Geschäften lässt sich mit **Maestro-(EC-)Karte** oder **Kreditkarte** von Visa oder Mastercard bezahlen. Auch **V-Pay-Karten** funktionieren an vielen Bankautomaten und in den meisten Geschäften.

› Weitere Infos unter www.vpay.de

Hier gibt es „frisches" Geld: im Kantor, der Wechselstube

Danzig preiswert

- ***Touristenkarte*** *(s. S. 68)*
- ***Unterkunft:*** *Übernachten kann man bereits ab 40 Złoty (ca. 10 €) im Schlafsaal eines Hostels. Empfehlenswert ist das* ***Happy Seven Hostel*** *(s. S. 125), das auch günstige Privatzimmer anbietet. In den meisten Hostels gibt es auch günstige Doppelzimmer mit mehr Privatsphäre. Außerhalb der Saison lassen sich im Internet in den etablierten Hotels mitunter preiswerte Zimmer buchen.*
- ***Restaurants:*** *Mittags wird in vielen Lokalen ein* ***günstiger Business Lunch*** *(„zestaw obiadowy") für ca. 20 Złoty angeboten. Neptun (s. S. 72) und Jadłodajnia Harcówka (s. S. 77) beispielsweise bieten gutes und günstiges Essen.*
- ***Museen:*** *Viele Museen bieten* ***einen Tag in der Woche freien Eintritt.*** *Freitags ist der Besuch im Nationalmuseum 34 und einigen seiner Filialen (s. S. 65) frei. Mo. (außerhalb der Saison Di.) öffnen die meisten Abteilungen des Historischen Museums (s. S. 64) ihre Türen für eine kostenfreie Besichtigung.*
- ***Konzerte:*** *Täglich um 12 Uhr (im Sommer auch häufiger) gibt es im* ***Dom zu Oliva*** *43 ein eindrucksvolles Gratis-Orgelkonzert. In den Sommermonaten finden viele* ***kostenlose Freiluftkonzerte*** *in Danzig statt. Termine in der Touristeninformationen (s. S. 114).*

054dz Abb.: ab

Polen ist zwar längst **kein Billigland** mehr, dennoch lässt sich in Danzig ein recht **günstiger Urlaub** verbringen. Für umgerechnet 5–10 Euro kann man gut **essen gehen,** ein Bier kostet in der Regel etwas weniger als 2 Euro; Kaffee und Kuchen bekommt man in den Cafés der Stadt für etwa 3 Euro. Ein **Fahrschein** für die öffentlichen Verkehrsmittel kostet etwa 1 Euro, aber auch das **Taxifahren** ist erschwinglich. Wer **Museen** besucht, zahlt selten mehr als 2–3 Euro Eintritt. Lediglich die **Hotelpreise** sind nicht ganz so moderat.

Immer auf dem Laufenden: die Touristeninformationen in Danzig

Informationsquellen

Infostellen zu Hause

Aktuelle Informationen rund um Ein- und Ausreisebestimmungen, Zoll- und Devisenvorschriften, Verkehrsregeln usw. erhält man kostenlos bei den folgenden Adressen:

- **Polnisches Fremdenverkehrsamt,** Kurfürstendamm 71, 10709 Berlin, www.polen.travel/de, Tel. +49 (0) 302100920
- **Polnisches Fremdenverkehrsamt,** Lerchenfelder Straße 2, 1080 Wien, Tel. +43 (0) 15247191 (auch für die Schweiz zuständig)

Infostellen in der Stadt

In den **Touristeninformationen** der Stadt trifft man auf meist sehr nette, häufig auch deutschsprachige Mitarbeiter, die ausführlich Auskunft über alles Wissenswerte in Danzig erteilen. Sie bieten auch einen **Kartenvorverkauf** an. Für Theater- und Konzertbesuche lohnt es sich jedoch normalerweise, die Karten am Veranstaltungsort selbst zu erwerben.

- **110** [C4] **Pommersches Informationszentrum (Pomorskie Centrum Informacji Turystycznej),** ul. Wały Jagiellońskie 2 A, www.pomorskie.travel, Tel. +48 587327041, geöffnet: Mai–Sept. Mo.–Fr. 9–20, Sa./So. 9–18 Uhr, Okt.–April tgl. 9–18 Uhr Im Informationszentrum im Hohen Tor 1 wird man besonders freundlich und kompetent beraten. Hier erhält man auch detaillierte Auskünfte für Ausflüge in die Umgebung.
- **111** [D5] **Touristeninformation am Langen Markt (Gdańskie Centrum Informacji Turystycznej),** ul. Długi Targ 28/29, http://visitgdansk.com, Tel. +48 583014355, geöffnet: Mai–Sept. tgl. 9–19 Uhr, Okt.–April tgl. 9–17 Uhr

EXTRATIPP

Bibliothek im Herder-Zentrum

Deutsche Tageszeitungen und eine große Auswahl **deutschsprachiger Bücher** findet man in der Bibliothek des zur Danziger Universität gehörigen Herder-Zentrums in der Rechtstadt. Hier kann man sich in Ruhe hinsetzen und in netter Atmosphäre in den Gazetten und Zeitschriften schmökern.

B114 [D5] **Herder-Zentrum (Centrum Herdera),** ul. Ogarna 26, www.herder.ug.edu.pl, Tel. 583057317, geöffnet: Mo./Mi./Fr. 10–16, Di./Do. 11–17 Uhr, im Aug. geschl.

i112 [C2] **Informationspunkt im Tunnel zum Hauptbahnhof (Punkt Informacji Turystycznej w tunelu PKP),** ul. Podwale Grodzkie 8, geöffnet: Juli/Aug. tgl. 9–19 Uhr, Sept.–Juni tgl. 9–17 Uhr

› **Touristeninformation am Flughafen (Informacja Turystyczna Lotnisko),** s. S. 110, geöffnet: tgl. 24 Std.

Die Stadt im Internet

› **www.de.gdansk.gda.pl:** Unter „Touristisch" (Menü links) und „Informationsmaterial" (Menü rechts unten) stehen diverse Broschüren und Übersichtsdarstellungen zum Download bereit (auch auf Deutsch).

› **www.trojmiasto.pl:** Wer Polnisch versteht, findet auf dieser Website alles Wissenswerte für das alltägliche Leben in der Dreistadt (Danzig, Zoppot, Gdingen).

› **http://forum.danzig.de:** Die deutschsprachige Austauschplattform bietet Raum für detaillierte Fragen und Erfahrungsberichte von Danzigern und ehemaligen Bewohnern der Stadt.

Publikationen und Medien

Kostenlose Stadtpläne sind bei den Touristeninformationen (s. S. 114) erhältlich. Die **englischsprachige Broschüre „Gdańsk in your pocket"** enthält aktuelle Veranstaltungshinweise und praktische Adressen. Sie kann im Kulturkaufhaus Empik (s. S. 89) erworben werden oder steht im Internet als **kostenloser Download** zur Verfügung: www.inyourpocket.com/poland/gdansk.

Auf der **Website www.gdansk.pl/de** (Menü: Touristisch/Informationsmaterial) lesenswerte Broschüren der Stadtverwaltung herunterladen (z.B. „Danziger Hits" oder „Danzig in den Worten von Günter Grass"), welche teilweise auch in gedruckter Version in den Touristeninformationen ausliegen.

Internet und Internetcafés

Danzig ist in punkto Internet sehr gut aufgestellt: Nicht nur gehört **kostenloses WLAN (WiFi) in den meisten Unterkünften und Cafés** zum Standard, auch gibt es überall in der Stadt sogenannte **Internet Points (Hotspots),** in deren Nähe man sich in ein ebenfalls kostenloses Netz einwählen kann. Dazu muss man auf www.gdanskwifi.pl einmalig die Benutzerordnung akzeptieren und kann dann nach Herzenslust lossurfen.

Wer etwas scannen, drucken oder faxen will, ist in einem **Internetcafé** gut aufgehoben. Sehr zentral gelegen ist das Folgende:

@113 [C4] **Internet Café Jazz 'n' Java,** ul. Tkacka 17/18, www.jnjit.pl/cafe/index.html, geöffnet: tgl. ab 10 Uhr

Unsere Literaturtipps

Sachbücher

- *Borucka, Justyna/Gatermann, Harald:* ***Architekturführer Danzig.*** *DOM publishers, 2016. Liebevoll gestaltet zeigt das reich bebilderte Buch die architektonische Vielfalt der Dreistadt – von Danziger Backsteingotik über Jugendstil in Zoppot bis hin zur Moderne in Gdingen. Und selbst Plattenbauten finden ihren gebührenden Platz.*
- *Loew, Peter Oliver:* ***Danzig – Biographie einer Stadt.*** *C.H. Beck, 2011. Der ausgewiesene Danzig-Experte betrachtet die Entwicklung der Stadt chronologisch. Inhaltlich wie literarisch ein Meisterwerk der Stadtgeschichte.*
- *Loew, Peter Oliver:* ***Literarischer Reiseführer Danzig.*** *Deutsches Kulturforum Östliches Europa, 2009. Loew nimmt seine Leser anhand von individuell kombinierbaren Spaziergängen mit auf einen spannenden literarischen Streifzug durch die Ostseemetropole.*
- *Schenk, Dieter:* ***Danzig 1930–1945. Das Ende einer Freien Stadt.*** *Ch.Link, 2013. Anschaulich erzählt der Autor vom Aufstieg der Nazis in Danzig, dem Beginn des Zweiten Weltkriegs in der Stadt und dem Ende ihrer Herrschaft im Jahr 1945. Übersichtliche, sehr lesenswerte Kapitel zur wohl dunkelsten Zeit der Danziger Geschichte.*

Belletristik

- *Chwin, Stefan:* ***Tod in Danzig.*** *Rowohlt, 1995. Der Anatomie-Professor Hannemann gehört zu den wenigen Deutschen, die Danzig nach Kriegsende nicht verlassen haben. Mit ihm geblieben sind Alltagsge-*

Medizinische Versorgung

Wer in Polen medizinische Hilfe benötigt, hat die Wahl zwischen Vertragsärzten des **Nationalen Polnischen Gesundheitsfonds** *(Narodowy Fundusz Zdrowia – NFZ)*, privaten Ärzten und sonstigen medizinischen Einrichtungen. Behandlungen bei Vertragsärzten sind für gesetzlich Versicherte gegen Vorlage der **Europäischen Krankenversicherungskarte** (European Health Insurance Card) in der Regel kostenlos.

Allerdings bevorzugen viele Polen **private Ärzte**, da dort die medizinische Versorgung meist schneller erfolgt und einen bessereren Ruf genießt. Patienten aus dem Ausland müssen ihre **Arztrechnung** in diesem Fall **zunächst selbst bezahlen.** Die Krankenkasse erstattet dann die Summe, die bei einem entsprechenden Arztbesuch im Heimatland angefallen wäre. Dafür ist es notwendig, bei der Krankenkasse den Zahlungsbeleg sowie die Rechnung mit genauen Angaben zu den erbrachten Leistungen und deren Preis einzureichen.

Um sicherzugehen, dass man nicht auf den Kosten sitzen bleibt, ist der Abschluss einer privaten **Auslandsreisekrankenversicherung** ratsam, die mehr als die Kassensätze und auch einen evtl. Rücktransport abdeckt.

An die folgenden **Krankenhäuser** *(szpital)*, **Zahnkliniken** *(klinika stoma-*

genstände und Gewohnheiten, die stumm mit den zugezogenen, polnischen Danzigern sprechen ... Ein lesenswertes Erinnerungsmosaik aus den Jahren, in denen Danzig polnisch wurde (zum Autor s. S. 103).

- *Grass, Günter:* ***Die Blechtrommel. Hundejahre. Katz und Maus. (Danziger Trilogie.)*** *dtv, 1993. Niemand hat Danzig ein solches literarisches Denkmal gesetzt wie der Literaturnobelpreisträger und gebürtige Danziger Günter Grass. Seine Leser wandeln mit den Hauptfiguren Oskar Matzerath, Tulla Pokriefke und Joachim Mahlke durch eine sich immer aufs Neue verändernde, faszinierende Stadt.*
- *Grass, Günter:* ***Im Krebsgang.*** *dtv, 2004. Grass' Novelle beschreibt den Untergang der „Wilhelm Gustloff" – und besorgniserregende Tendenzen der Gegenwart, die zeigen, dass nationalsozialistisches Gedankengut längst nicht überall Geschichte ist ...*
- *Huelle, Paweł:* ***Weiser Dawidek.*** *Luchterhand, 1990. Die Geschichte eines Jungen, der eine Gruppe Danziger Kinder mit seiner Fremdartigkeit zugleich beunruhigte und faszinierte, dann aber plötzlich verschwand. Eine fesselnde Geschichte vom Anderssein in Nachkriegspolen. Antiquarisch erhältlich.*
- *Janesch, Sabrina:* ***Ambra.*** *Aufbau Verlag, 2012. Kinga, eine junge Frau aus Deutschland, erbt eine Wohnung in einer ihr unbekannten Stadt an der Ostsee ... und macht sich auf die Reise. Ein etwas schwer zugängliches, aber dennoch fesselndes deutsch-polnisches Familienportrait. Die jüngste literarische Stimme Danzigs.*

tologiczna) und **Apotheken** *(apteka)* kann man sich **im Notfall** wenden:

- **115** [C3] **Aptecus IV,** ul. Podwale Grodzkie 1, Tel. 587789213, geöffnet: tgl. 0–24 Uhr
- **116** [D5] **Apteka Ratuszowa,** ul. Długa 54/55, Tel. 583015106, geöffnet: Mo.–Fr. 8–20, Sa. 9–20, So. 10–20 Uhr. Sehr zentral gelegene Apotheke auf der Langgasse, deren Mitarbeiter an Touristen gewöhnt sind und zumindest Englisch sprechen.
- **117** [ci] **Lux Med,** al. Zwycięstwa 49, www.luxmed.pl, Tel. 223322888. Eine private Poliklinik, die weit über 100 Filialen in Polen betreibt und ein breites Spektrum medizinischer Serviceleistungen anbietet.
- **118** [ah] **Nadmorskie Centrum Medyczne,** ul. Kilińskiego 34, SKM bis „Wrzeszcz", www.ncm.com.pl, Tel. 587639500. Poliklinik mit Vertragsärzten des Nationalen Polnischen Gesundheitsfonds und privaten Ärzten, die ein umfangreiches Angebot an medizinischen Dienstleistungen abdecken.
- **119** [D4] **Prodent,** ul. św. Ducha 45/47, www.prodent.gda.pl, Tel. 583058374, geöffnet: Mo.–Fr. 9–19 Uhr. In dieser Zahnklinik wird man sowohl von privaten Ärzten als auch von Vertragsärzten des Nationalen Polnischen Gesundheitsfonds behandelt.
- **120** [ai] **Swissmed Centrum Zdrowia,** ul. Wileńska 44, www.swissmed.com.pl, Tel. 585241500 u. 801665115. Privates Ärztezentrum mit einer großen Bandbreite an ärztlichen Serviceleistungen.

Mit Kindern unterwegs

Danzig bietet für einen Familienurlaub mit Kindern ideale Bedingungen. In gut einer halben Stunde erreicht man mit der Straßenbahn die **Strände der Stadt** (s. S. 93), wo nicht nur der Nachwuchs im Sommer herrlich baden und Sandburgen bauen kann. Auch Danzig selbst hat einiges für Kinder zu bieten.

Ein Besuch in vielen **Danziger Museen** ist für Kinder keineswegs langweilig. So können sie im **Zentrum für Maritime Kultur** 14 in einer interaktiven Ausstellung ferngesteuerte Segelboote durch einen Pool lenken, in einem Geschicklichkeitsspiel die Ladung von Frachtschiffen löschen oder in eine der ersten Tauchglocken der Welt klettern. Spannend ist auch die Besichtigung des **Museumsschiffes „Sołdek"** 15, das vom Maschinenraum bis zur Kapitänskajüte in Augenschein genommen werden kann. Interaktive Experimente warten im **Centrum Hewelianum auf dem Hagelsberg** 33 – doch Vorsicht, diese sind nicht nur für Kinder eine Herausforderung. Im Speicher **„Blaues Lamm"** (s. S. 68) läuft man riechend, hörend und staunend durch eine mittelalterliche Danziger Straße – nicht nur für Kinder ein Erlebnis. Bedrückender ist es im **Museum des Zweiten Weltkriegs** 23. Für Kinder werden in einer eigenen Ausstellung die Auswirkungen des Krieges auf eine Warschauer Familie geschildert. Etwas Besonderes hat sich das **Europäische Zentrum der Solidarność** 29 einfallen lassen: Dort können Kinder einen 400 m² großen Spielsaal (Sept.–Juni: Mo.–Fr. 12–16, Sa./So. 10–18 Uhr, Juli/Aug. tgl. 10–18 Uhr, Eintritt: 9 Złoty, Kinder unter 2 Jahren frei) entdecken – entweder mit Begleitperson oder unter der Aufsicht professioneller Betreuer.

Möglichkeiten zum **Austoben** gibt es in Danzig ebenfalls, etwa im **Aquapark in Zoppot** und im Indoor-Abenteuerspielplatz **Loopy's World.** Ruhi-

Spaß für die ganze Familie im Zentrum für Maritime Kultur 14 ger geht es im **Kinder- und Jugendtheater Miniatura** (s. S. 84) zu, das Kids auch ohne polnische Sprachkenntnisse verstehen können.

S121 **Aquapark Sopot (Park Wodny Sopot),** ul. Zamkowa Góra 3–5, Sopot, SKM bis „Sopot Kamienny Potok", www.aquaparksopot.pl, geöffnet: tgl. 8–22 Uhr, Eintritt: 56 Złoty (erm. 50 Złoty)

•122 [ag] **Loopy's World,** al. Grunwaldzka 229, SKM bis „Zaspa", www.loopysworld.pl, geöffnet: So.–Do. 10–20, Fr. 10–21, Sa. 9–21 Uhr, Eintritt: Tagesticket für Kinder (1–13 Jahre) 39–45 Złoty, Erwachsene Eintritt frei.

Mittlerweile gibt es auch in Danzig einige **kinderfreundliche Cafés und Restaurants.** Im **Bioway** (s. S. 76) unweit des Hauptbahnhofs wurde in der oberen Etage ein buntes Spielzimmer für die Kleinen eingerichtet. Sehr zentral gelegenen ist das Restaurant **Kos** (s. S. 72) mit eigenem Spielraum für Kinder. Das Besondere: Auf einem Fernseher kann man beim Essen die Aktivitäten der spielenden Kinder beobachten.

Notfälle

Wie überall in der EU gilt in Polen die einheitliche **Notrufnummer 112.** Weiterhin sind aber auch die folgenden kostenlosen Notrufnummern erreichbar:

- **Polizei:** 997
- **Feuerwehr:** 998
- **Ambulanz:** 999

Die Polnische Organisation für Tourismus bietet in Notfällen zusammen mit der Polizei **telefonische Hilfe für ausländische Gäste** an (auch auf Deutsch). Die Hotline ist von Juni bis September zwischen 8 und 22 Uhr und von Oktober bis Mai zwischen 8 und 18 Uhr zu erreichen.

- Tel. +48 608599999
- Tel. +48 222787777

In Notfällen wie beim Verlust der Ausweispapiere oder wenn medizinische und anwaltliche Hilfe sowie ein Dolmetscher erforderlich sind, kann man sich an das **Konsulat des Heimatlandes** (s. S. 112) wenden.

Kartensperrung

Bei **Verlust der Debit-(EC-), Kredit- oder SIM-Karte** gibt es für Kartensperrungen eine **deutsche Zentralnummer** (unbedingt vor der Reise klären, ob die eigene Bank bzw. der jeweilige Mobilfunkanbieter diesem Notrufsystem angeschlossen ist). **Aber Achtung:** Mit der telefonischen Sperrung sind die Bezahlkarten zwar für die Bezahlung/Geldabhebung mit der PIN gesperrt, nicht jedoch für das **Lastschriftverfahren mit Unterschrift.** Man sollte daher auf jeden Fall den Verlust zusätzlich **bei der Polizei zur Anzeige bringen**, um gegebenenfalls auftretende Ansprüche zurückweisen zu können.

In **Österreich** und der **Schweiz** gibt es keine zentrale Sperrnummer, daher sollten sich Besitzer von in diesen Ländern ausgestellten Debit-(EC-) oder Kreditkarten vor der Abreise bei ihrem Kreditinstitut über den zuständigen Sperrnotruf informieren.

Generell sollte man sich immer die **wichtigsten Daten** wie Kartennummer und Ausstellungsdatum **separat notieren**, da diese unter Umständen abgefragt werden.

- **Deutscher Sperrnotruf:** Tel. +49 116116 oder Tel. +49 3040504050
- **Weitere Infos:** www.kartensicherheit.de, www.sperr-notruf.de

Öffnungszeiten

In Polen gelten **keine gesetzlichen Ladenöffnungszeiten.** Entsprechend flexibel und saisonabhängig gestalten vor allem die Besitzer kleinerer Geschäfte ihren Arbeitstag. **Geschäfte, Banken und Museen** öffnen in der Regel um 9 oder 10 Uhr.

Während einige Läden teilweise schon um 18 Uhr schließen, haben größere **Supermärkte und Einkaufszentren** in der Regel bis 20 Uhr oder sogar 22 Uhr geöffnet. Kleine **Kioske und Spätkaufläden** sind bis Mitternacht oder länger für ihre Kundschaft da, während **Cafés** oft früher zur letzten Runde aufrufen, als man denkt: Nur einzelne haben noch nach 23 Uhr geöffnet.

Banken schließen in der Regel um 18 Uhr; man kann aber rund um die Uhr an den Automaten Geld abheben. **Museen** sind außerhalb der Saison auch in Polen häufig am Montag geschlossen.

Post

Das **Porto** für Postkarten und Briefe von Polen ins europäische Ausland beträgt regulär 5 Złoty, bei beschleunigtem Versand *(priorytet)* 6 Złoty. Die **roten Briefkästen** der polnischen Post *(poczta)* hängen an etlichen Orten in der Stadt, ganz zentral zum Beispiel vor dem Postamt auf der Langgasse. Dort bekommt man auch **Briefmarken** *(znaczki pocztowe)*. Oft gibt es bei der Post aber noch weit mehr als Ansichtskarten und Postwertzeichen: Das Angebot einer Filiale kann sogar Waschpulver oder Zahnbürsten umfassen. Ein Blick auf das skurrile Sortiment lohnt sich! Hier zwei zentral gelegene **Postfilialen:**

- ✉123 [D5] **Postamt 50 auf der Langgasse,** ul. Długa 23/28 (abends Hintereingang von der ul. Pocztowa nutzen), geöffnet: tgl. 0–24 Uhr. Hauptpost im Zentrum von Danzig.
- › **Postamt 1 im Museum der Polnischen Post** 24, geöffnet: Mo.–Fr. 9–19 Uhr. Briefe verschicken aus einer Postfiliale mit historischer Bedeutung: Hier kämpften zu Beginn des Zweiten Weltkriegs die Verteidiger der Polnischen Post.

Radfahren

Danzig ist wegen seines **Kopfsteinpflasters** im Innenstadtbereich und aufgrund der fehlenden Infrastruktur wahrlich **keine Fahrradstadt.** Und wer nach einem Ausflug sein Rad mit in die Stadt nimmt, ist gut beraten, es zu schieben – denn in den großen Fußgängerzonen, insbesondere auf der **Langgasse** 4, gilt ein **striktes Fahrverbot,** das von der Polizei streng kontrolliert wird.

Doch so wenig man im historischen Zentrum Freude am Fahrradfahren hat, desto mehr Vergnügen kommt bei ausgiebigen **Touren in die Umgebung und zum Strand** auf. Gut ausgebaute Radwege garantieren einen entspannten Fahrspaß, z. B. auf der durchgängigen Strandpromenade von Brösen (Brzeżno, s. S. 93) bis zur berühmten Mole von Zoppot 46. Auch auf die Schiffe der Wasser-Straßenbahn (s. S. 129) kann man seinen Drahtesel mitnehmen – und den Ausflug auf diese Weise gleich in Strandnähe starten.

Das **Ausleihen von Fahrrädern** kostet ca. 15 Złoty pro Stunde und rund 50 Złoty pro Tag. Ebenso muss eine Kaution von 150 Złoty hinterlegt werden. Empfehlenswert sind die folgenden Adressen:

•124 [C3] **Rent a bike – Nie dotyczy rowerów,** ul. Młyńska 14, www.niedotyczyrowerow.pl, geöffnet: Mai–Sept. tgl. 10–18 Uhr, Okt.–April nur bei vorheriger Reservierung

•125 [C3] **Bike Rental Gdańsk,** ul. Wały Jagiellońskie 5, www.rowerempogdansku.pl, geöffnet: April–Okt. tgl. 10–18 Uhr, Nov.–März nur bei vorheriger Reservierung.

Schwule und Lesben

Das traditionell katholische Polen tut sich noch schwer mit der **Akzeptanz von Homosexualität** und ist wahrlich kein Mekka der LGBT-Szene. Doch die queere Community lässt sich dadurch nicht abschrecken, ist im WWW gut vernetzt und wirbt mit Veranstaltungen und öffentlichen Aktionen für mehr Toleranz. Auch in Danzig gehören gleichgeschlechtliche Paare und Regenbogenfamilien inzwischen zum Stadtbild.

Explizit als **queerfreundlich ausgewiesene Unterkünfte** gibt es in Danzig nicht. Doch das gut ausgebaute Hostelnetz, in dem sich auch Privatzimmer buchen lassen, ist tendenziell toleranter als der Durchschnitt und heißt auch homosexuelle Paare gern als Gäste willkommen.

Die queere Abendgestaltung verlagert sich tendenziell nach Zoppot (abgesehen von unregelmäßigen Treffen der Szene im Café „W starym kadrze“, s. S. 76).

126 [S. 58] **Monkey Club,** ul. Kościuszki 68a, Zoppot, www.sixty9.pl, geöffnet: Fr./Sa. 21–5 Uhr. In der LGBT-Szene derzeit angesagtester Klub mit reichhaltigem Musikangebot und großer DJ-Dichte. Bei allen Geschlechtern gleichermaßen beliebt.

Sicherheit

Danzig ist ein **sicheres Reiseziel.** Wie in jeder Urlaubsstadt sollte man sich jedoch in der Hochsaison vor **Taschendieben** vorsehen: Insbesondere im Gedränge auf der Langgasse 4 und in öffentlichen Verkehrsmitteln gilt es, auf seine Wertsachen zu achten. Eine größere Gefahr, um sein Geld gebracht zu werden, stellen aber einige **zwielichtige Wechselstuben** dar. Sie locken mit einem guten Złoty-Ankaufskurs, wechseln Euros aber zu einem **absurd niedrigen Kurs.**

Auch **abends** ist es in der belebten und beleuchteten Innenstadt sicher. Lediglich in den Stadtteilen **Niederstadt (Dolne Miasto)** südlich des Zentrums und **Neufahrwasser (Nowy Port)** sollte man sich angeblich nach Einbruch der Dunkelheit vorsehen.

In Danzig werden natürlich auch **Autos gestohlen** – allerdings bei Weitem seltener, als es die Vielzahl entsprechender Witze über Polen vermuten lässt. Wer dem Frieden dennoch nicht traut, stellt sein Fahrzeug einfach auf einem **bewachten Parkplatz** (s. S. 111) ab.

Sprache

Danzig ist Ziel vieler Touristen aus Deutschland. Entsprechend gut kommt man in der Stadt mit **Deutsch** zurecht. In Hotels und Cafés findet sich fast immer jemand, der Deutsch spricht. **Speisekarten** in Restaurants sind ebenfalls häufig ins Englische und Deutsche übersetzt – auch wenn dabei die eine oder andere Stilblüte für Heiterkeit sorgen mag. Nur in den Museen der Stadt überwiegen die Erläuterungen auf Englisch. Für **junge Leute** aus Danzig ist

103dz Abb.: ab

Englisch die **Fremdsprache Nummer Eins.**

Wer ein paar Wörter Polnisch beherrscht, hat die Sympathien der Danziger sofort auf seiner Seite. Eine kleine Sammlung wichtiger **polnischer Begriffe** findet sich in der **„Kleinen Sprachhilfe“** im Anhang dieses Buches (s. S. 132). Für eine ausführlichere Beschäftigung mit der gar nicht so einfachen polnischen Sprache empfiehlt sich der Sprachführer „Polnisch – Wort für Wort“ aus der Kauderwelsch-Reihe des Reise-Know-How Verlags.

Stadttouren

Einfach und praktisch ist es, die Stadt mit einem **Audioguide** zu erkunden. In fast 40 deutschsprachigen Erzählungen, die sich automatisch einschalten, sobald man sich einer Sehenswürdigkeit nähert, wird Danzig vorgestellt. Dabei hat man immer die Wahl zwischen einer Kurzversion und einer längeren Geschichte. Die Audioguides können in der **Touristeninformation** am Langen Markt oder im Tunnel zum Hauptbahnhof (s. S. 108) jeweils bis zum Ende des Tages ausgeliehen werden (Kosten: 18 Złoty für eine Person, 30 Złoty für Paare, 35 Złoty für Familien).

› **Weitere Infos:** www.audioguidegdansk.pl

Wer seinem Stadtführer dagegen lieber ins Gesicht blicken und Fragen stellen möchte, schließt sich der **deutschsprachigen Stadtführung** an, die jeden Tag um 12 Uhr vor der Touristeninformation am Langen Markt (s. S. 114) startet.

Man kann sich Danzig auch im Rahmen einer **individuellen Stadtführung** zeigen lassen. Von den unzähligen lizenzierten Touristenführern sprechen viele hervorragend Deutsch. Vermittelt werden sie entweder von den Touristeninformationen (s. S. 114) oder der Hotelrezeption. Auf Wunsch begleiten sie auch den gesamten Aufenthalt in Danzig oder organisieren Ausflüge in die Umgebung.

Beliebt sind auch die **„Meleks“** genannten **Elektrofahrzeuge**, in denen Touristen die Stadt auf verschiedenen Routen erkunden können. Dazu gibt es in diversen Sprachen Informationen über einen Audioguide oder direkt vom Fahrer (viele von ihnen sprechen Deutsch).

- **Infos zu den Meleks:** www.citytourgdansk.pl
- **Abfahrt:** direkt vor dem Langgasser Tor 3; Richtpreis für eine einstündige Fahrt: 180–240 Złoty für bis zu fünf Personen

Empfehlenswert ist auch eine **Hafenrundfahrt**, auf der per Lautsprecher (auf Deutsch!) Wissenswertes über die Geschichte Danzigs und die Danziger Werft berichtet wird (s. S. 129).

Telefonieren

Am 15. Juni 2017 wurden **Roaming-Gebühren** für Gespräche, SMS und Daten in der EU **abgeschafft.** Es werden keine Extragebühren erhoben und es gilt derselbe Preis wie zu Hause. Über die genauen Regelungen sollte man sich jedoch beim eigenen Mobilfunkanbieter informieren.

Unter Umständen ist es dennoch praktisch, sich eine **polnische SIM-Karte** für den Urlaub zuzulegen (weil Anrufe auf polnische Nummern und Datennutzung damit z. T. erheblich preiswerter sind). Günstige Starterkits gibt es an jedem Kiosk (z. B. von Orange, Play oder nju mobile). Allerdings müssen diese SIM-Karten in den Geschäften der Mobilfunkanbieter persönlich registriert werden, was oft mit einiger Wartezeit verbunden ist.

Wer eine **Festnetznummer** in Danzig anrufen möchte, muss Folgendes beachten: Seit vor einigen Jahren die Ortsvorwahlen in Polen abgeschafft wurden, beginnt jede Danziger Festnetznummer immer mit 58 – ohne Null. Für Verwirrung sorgt, dass manchmal noch die alte Form mit der Null vorneweg angegeben wird – diese muss man beim Wählen einfach weglassen, die 58 aber wählen.

Internationale Vorwahlnummern:

- **Aus dem Ausland nach Polen:** 0048
- **Von Polen nach Deutschland:** 0049
- **Von Polen nach Österreich:** 0043
- **Von Polen in die Schweiz:** 0041

◁ Mit den Danziger „Meleks" lässt sich das Stadtzentrum sogar motorisiert erkunden

Uhrzeit

In Polen gilt die **Mitteleuropäische Zeit (MEZ).** Ebenso wie in Deutschland, Österreich und der Schweiz wird auf Sommer- bzw. Winterzeit umgestellt.

Unterkunft

Besucher der Ostseemetropole haben die Wahl zwischen modernen und historischen **Hotels im Stadtzentrum**, z. B. direkt an der Danziger Bucht, sowie **Privatquartieren** im ganzen Stadtgebiet. Mittlerweile gibt es in Danzig ebenfalls zahlreiche **günstige Hostels**, von denen die meisten auch über preiswerte Privatzimmer verfügen.

Das historische Stadtzentrum ist sehr reizvoll zum Wohnen. Es ist aber vor allem im Sommer sehr belebt – dann kann bis in die späten Nachtstunden Partylärm durch die alten Gassen schallen. Ruhig und trotzdem zentral kommt man besten in den Hotels am Rande der Innenstadt unter.

Die beliebteste Reisezeit für Danzig sind natürlich die Sommermonate. Von **Mai bis September** sind deshalb die **Hotelpreise wesentlich höher** als außerhalb der Saison. Viele Häuser in der Stadt haben allerdings keine festen Preise, sondern legen diese ja nach Auslastung fest. Mit etwas Glück kann man deshalb **im Internet ein Schnäppchen** machen.

Unterkunftsempfehlungen

127 [F6] **Dom Muzyka** €€, ul. Łąkowa 1/2, www.dommuzyka.pl, Tel. 583260600. **Klangvolles Ambiente in der ehemaligen Kaserne:** Hinter den Mauern einer einstigen preußischen Kaserne hat die Musikakademie das „Haus des Musikers" eingerichtet. Gut zehn Minuten ist das Hotel von der Altstadt entfernt; ein großer Parkplatz befindet sich direkt vor der Tür. Die Zimmer sind schlicht eingerichtet; geräuschempfindliche Gäste sollten keines zur Straßenseite hin buchen. Dennoch ist das Haus eine ruhige, komfortable und angenehme Unterkunft in direkter Nachbarschaft zu den Konzertsälen der Musikakademie. Mit etwas Glück kann man öffentlichen Proben und Konzerten lauschen.

128 [D5] **Dom Schumannów** €€, ul. Długa 45, Tel. 583015272. **Fürstlich wohnen im traditionsreichen Patrizierhaus:** Wer während seines Danzig-Aufenthalts so wohnen möchte wie einst das vornehme Bürgertum, sollte eines der Zimmer im „Schuhmann-Haus" beziehen. Einst gehörte das Patrizierhaus der einflussreichen Danziger Familie Schuhmann, die zahlreiche Bürgermeister, Ratsherren und Burggrafen stellte. Im Haus auf der Langgasse vis-à-vis dem Rechtstädtischen Rathaus **6** gibt es neun komfortable, üppig-barock eingerichtete Zimmer, die den Gast in eine längst vergangene Epoche versetzen. Man erreicht die Apartments und Zimmer von der Touristeninformation aus über eine schwere Holztreppe. Etwas Kondition fürs Treppensteigen muss man mitbringen – ganz wie in alten Zeiten.

129 [D4] **Gotyk Haus** €€, ul. Mariacka 1, www.gotykhouse.eu, Tel. 583018567. **Individuelles Mini-Hotel im Herzen der Frauengasse:** Wer inmitten der historischen Rechtstadt eine Zeitreise unternehmen will, ist im ältesten Hause Danzigs richtig untergebracht. Das liebevoll geführte Bed & Breakfast verfügt nur über sechs Zimmer, die aber gut geschnitten und mit Bedacht eingerich-

Preiskategorien

€	bis 300 Złoty (bis 75 €)
€€	bis 400 Złoty (bis 100 €)
€€€	ab 400 Złoty (ab 100 €)

Es handelt sich um **Preise in der Hochsaison** für ein **Doppelzimmer mit Bad und Frühstück.**

EXTRAINFO

Buchungsportale

Neben Buchungsportalen für **Hotels** (z. B. www.booking.com, www.hrs.de oder www.trivago.de) bzw. für **Hostels** (z. B. www.hostelworld.de oder www.hostelbookers.de) gibt es auch Anbieter, bei denen man **Privatunterkünfte** buchen kann. Portale wie www.airbnb.de, www.wimdu.de oder www.9flats.com vermitteln Wohnungen, Zimmer oder auch nur einen Schlafplatz auf einer Couch. Diese oft recht günstigen Übernachtungsmöglichkeiten sind nicht unumstritten, weil manchmal normale Wohnungen gewerblich missbraucht werden. Wenn die Stadt regulierend eingreift, kann das zu kurzfristigen Schließungen führen. Eine Buchung unterliegt also einem gewissen Restrisiko.

068dz Abb.: mb

tet sind. Die Betreuung der Gäste ist entsprechend individuell und freundlich; ein sehr gutes Frühstück wird in rustikal-knarrender Atmosphäre serviert. Relativ enge, gewundene Treppen setzen allerdings bei den Gästen eine gute Grundkondition voraus.

130 [E3] **Happy Seven Hostel** €, ul. Grodzka 16, www.happyseven.com, Tel. 585877021. **Flower-Power-Feeling für den kleinen Geldbeutel:** Ganz in der Nähe der Mottlau gelegen, bietet dieses Hostel einen idealen Ausgangspunkt für die Entdeckung der Altstadt sowie nächtliche Spaziergänge am Flussufer. In fußläufiger Nähe des kleinen Hauses im Seventies-Style befinden sich viele gemütliche Kneipen und Restaurants. Durch seine komfortabel eingerichteten Privatzimmer ist das Hostel auch für Gäste empfehlenswert, die ungern im Mehrbettzimmer nächtigen.

131 [D5] **Hotel Artus** €€€, ul. Piwna 36/39, www.artushotel.com.pl, Tel. 583209600. **Moderne Unterkunft inmitten der historischen Rechtstadt:** Wer sich von den Glocken der Marienkirche 16 wecken lassen möchte, liegt im Hotel Artus im Herzen der Rechtstadt goldrichtig. Das moderne Haus mit Businessflair verfügt über 50 Zimmer, zwei individuelle Apartments und einen mit allen Finessen der Technik ausgerüsteten Konferenzsaal. Nach intensiven Meetings kann man im hoteleigenen Spa-Bereich wieder neue Energie tanken.

132 [E3] **Hotel Fahrenheit** €€, ul. Grodzka 19, www.fahrenheit.pl, Tel. 583247400. **Ruhige Lage und doch zentral:** Das 2012 eröffnete Boutiquehotel gehört zu den neusten und stilvollsten Häusern der Stadt. Nur ein paar Schritte von der Mottlau entfernt, aber dennoch weitab des Touristentrubels gelegen, ist das Hotel ein idealer Ausgangsort für Erkundungen – und garantiert dabei eine ungestörte Nachtruhe. Die modernen Zimmer sind mit Safe und Flachbild-TV ausgestattet. Dazu lockt das Hotel mit 25 bewachten Parkplätzen, einem reichhaltigen Frühstücksbüfett im hauseigenen Restaurant

Einst der königliche Speicher, heute das Hotel Królewski (s. S. 126)

und seinem unmittelbaren Nachbarn: dem kultigen Eiscafé Miś (s. S. 78).

133 [E4] **Hotel Królewski** €€€, ul. Ołowianka 1, www.hotelkrolewski.pl, Tel. 583261111. **Königlich gastieren mit Blick auf die Danziger Skyline:** Das backsteinfarbene Hotel Królewski ist ein echter Blickfang, denn es liegt nicht nur in unmittelbarer Nähe zur Baltischen Philharmonie, sondern auch direkt am Ufer der Mottlau. Den besten Blick hat man aus dem Haus selbst: Die Hotelgäste trennt nur der glitzernde Fluss von der Danziger Altstadt. Mit dem Auto oder der tagsüber pendelnden Mottlau-Fähre (s. S. 129) ist das Hotel schnell zu erreichen; abends spazieren seine Gäste über die Brücke am Grünen Tor 9 zu ihrem Domizil zurück. Das modern eingerichtete Haus besticht durch elegante Zimmer und eine garantierte Nachtruhe fernab des touristischen Altstadttrubels. Im hauseigenen Restaurant lässt es sich mit schöner Aussicht auf die Mottlau vorzüglich speisen.

134 **Hotel Moris** €, ul. Bursztynowa 10, Stadtteil Jelitkowo, Tram 6, 8 bis „Jelitkowo", www.hotel-moris.com.pl, Tel. 585582675. **In unmittelbarer Nähe des Strandes von Jelitkowo (Glettkau):** Das Hotel bietet seinen Gästen Sonne, Sand und Meer: In nur knapp drei Minuten erreicht man zu Fuß die Ostsee. Dort kann man wunderbar entspannen oder sich bei Wassersportarten aktiv erholen. Das kleine Hotel ist klassisch eingerichtet, ruhig gelegen und gut an die öffentlichen Verkehrsmittel nach Danzig angebunden.

135 [E4] **Hotel Podewils** €€€, ul. Szafarnia 2, www.podewils.pl, Tel. 583009560. **Luxuriös Wohnen in herrschaftlichem Barock:** Am rechten Ufer der Mottlau hinter den Speichern des Zentralen Meeresmuseums (s. S. 67) gelegen, gehört das Podewils zu den anspruchsvollen Hotels in Danzig. Zehn luxuriös eingerichtete Zimmer gibt es in dem Renaissancebau aus dem 18. Jahrhundert, einige davon mit vorzüglicher Sicht auf die Uferpromenade der Danziger Rechtstadt. Zum Haus gehört auch ein kleines, edles Restaurant mit einer herrlichen Sommerterrasse an einem Seitenarm der Mottlau.

136 [C4] **Hotel Wolne Miasto** €€€, ul. św. Ducha 2, www.hotelwm.pl, Tel. 583052255. **Stilvoll und zentral:** Im Herzen der Rechtstadt gelegen ist das Hotel Wolne Miasto („Freie Stadt"), das aus einem alten und einem neuen Gebäudeteil besteht. Durch seine langen, mit schweren Teppichen ausgelegten Flure weht der Geist von Danzigs wechselhafter Geschichte. Dabei steht die historienträchtige, wuchtige Ausstattung des Hauses in keinerlei Widerspruch zur anspruchsvollen Modernität der Zimmereinrichtung. Im hoteleigenen Restaurant „Zeppelin" wird polnische und internationale Küche serviert.

137 [E5] **Kobza Haus** €€, ul. Stągiewna 2/3, www.kobzahaus.pl, Tel. 587100101. **Mit Blick auf die Mottlau:** Das von außen unscheinbare Hotel steht nur wenige Meter entfernt vom Langen Markt 7, dem Zentrum der Danziger Innenstadt. Seine zentrale Lage sowie die elegant und modern eingerichteten Zimmer machen es zu einer gemütlichen Unterkunft für Reisende und Geschäftsleute. Wer sich den Luxus eines der beiden großzügigen Apartments im Dachgeschoss gönnt, darf sich an einer herrlichen Aussicht über die Mottlau und die Rechtstadt erfreuen. Für Gäste mit eigenem Fahrzeug stehen im Kellergeschoss sichere Parkplätze zur Verfügung.

138 [F3] **Ołowianka Bed & Breakfast** €€, ul. Ołowianka 3 A, www.olowianka.eu, Tel. 583334415. **Hotel mit eigenem Hafen:** Auf dem Bleihof – einer Insel in der Mottlau – befindet sich dieses sym-

058dz Abb.: mb

pathische Bed & Breakfast. Das Fachwerkhaus ist sehr ruhig gelegen, doch über die neue Fußgängerbrücke gelangt man im Nu in den Trubel am anderen Ufer der Mottlau. Im großzügigen Restaurantbereich werden die Hotelgäste kulinarisch bestens versorgt. Die Besonderheit dieses Hauses: Es verfügt über einen privaten Jachthafen. Dort kann man nicht nur vor Anker gehen, sondern auch Boote für individuelle Paddeltouren ausleihen. Die Organisation von Angelausflügen und Tauchkursen ist ebenfalls möglich.

139 **Willa Morskie Oko** €, ul. Morska 5, Stadtteil Jelitkowo, Tram 6, 8 bis „Jelitkowo", www.morskieoko.gda.pl, Tel. 585531610. **Einfach, familienfreundlich und direkt am Meer:** Die hübsche Villa befindet sich an der Grenze zwischen Danzig und Sopot in unmittelbarer Nähe zum Glettkauer Strand. Die Zimmer sind eher rustikal eingerichtet, verfügen aber zum Teil über hübsche Balkone bzw. Terrassen. Durch eingebaute Küchenzeilen bieten sie die Vorteile einer einfachen Ferienwohnung in traumhafter Lage.

Sandstrand vor der Haustür: das luxuriöse Grand Hotel 47 in Zoppot

140 [D3] **World Hostel** €, ul. Brygidki 14, www.worldhostel.pl, Tel. 585334903. **Stilvoll und zentral:** Ein Luxus-Hostel am Ufer des Radaunekanals. Zwar ist das World Hostel etwas teurer als andere Herbergen, dafür sind die Zimmer für 2, 4 oder 6 Personen geschmackvoll und individuell gestaltet, sitzt man auf einer Terrasse direkt am Radaunekanal und fühlt sich eher wie in einem guten Hotel als in einem Hostel. Die Unterkunft ist ideal für junge Familien mit Kindern.

Verhaltenstipps

- In Danzig ist der **Genuss alkoholischer Getränke auf öffentlichen Straßen und Plätzen verboten** und wird mit 100 Złoty bestraft. Wer also abends mit einer Flasche Bier an der Mottlau sitzt, muss damit rechnen, dass das durchaus teuer werden kann.
- Wer in Polen eine **öffentliche Toilette** aufsuchen möchte, muss zunächst kryptische Piktogramme enträtseln, um die richtige Tür zu finden: Ein Kreis kennzeichnet die Frauentoilette, ein Dreieck das Herren-WC.
- In Polen sind **Kirchen** keine Museen, sondern **Orte gelebter Religiosität.** Mit

dem Fotografieren sollte man sich daher etwas zurückhalten, insbesondere während der Gottesdienste. Außerdem sollte man die Gotteshäuser nicht in allzu sommerlicher Bekleidung betreten: Kurze Hosen und Miniröcke sind unangebracht.

- Polen ist nicht nur ein sehr katholisches, sondern mitunter auch ein recht prüdes Land. **Nacktbaden** ist an den Danziger Stränden **völlig unüblich.** Badehose und Bikini sind daher angesagt, lediglich an einem abgelegenen Strandabschnitt in Heubude (Stogi, s. S. 93) gibt es einen FKK-Strand.
- Danzig war lange Zeit eine deutsche Stadt. Bei einem Besuch an der Mottlau sollte man aber nicht nur den **Spuren des alten Danzig** folgen, sondern sich auch auf das **neue, polnische Gdańsk** einlassen.

Verkehrsmittel

Straßenbahn, S-Bahn und Bus

In Danzigs Innenstadt ist man am besten per pedes unterwegs: Viele der wichtigsten Sehenswürdigkeiten sind fußläufig gut erreichbar. Mit dem Bus 100, der die Danziger Innenstadt umkreist, kann man aber auch zu einigen der wichtigen Sehenswürdigkeiten fahren (s. S. 43).

Die **Vororte** Langfuhr (Wrzeszcz), Neufahrwasser (Nowy Port) und Oliva (Oliwa) sind bequem mit der **rot-cremefarbenen Straßenbahn** *(tramwaj)* zu erreichen. Außerdem verkehren vom Danziger Hauptbahnhof über Langfuhr, Oliva und Zoppot die **blau-gelben Nahverkehrszüge der SKM** – eine Art **S-Bahn der Dreistadt** (Danzig, Zoppot, Gdingen).

Zwar fahren auch im ganzen Stadtgebiet von Danzig **Busse** *(autobusy)*, allerdings reicht es für Besucher aus, sich an die 12 Straßenbahnlinien zu halten, da man mit ihnen zu fast allen Sehenswürdigkeiten der Stadt gelangt. Das Bussystem ist überdies schwer durchschaubar.

Leider sind die Verbindungen mit den öffentlichen Verkehrsmitteln **abends** eher schlecht: Straßenbahnen verkehren etwa bis 23 Uhr, die letzten Züge der SKM fahren kurz vor 1 Uhr nachts. Ab Mitternacht verkehren in Danzig auch **Nachtbusse** *(nocne autobusy)*, allerdings recht selten – weshalb man in den Nachtstunden besser ein Taxi ruft.

Auskünfte zu Fahrplänen und dem Verkehrsnetz finden sich im Internet auf den folgenden Websites:

- **Verkehrsverbund Danzig:** Zarząd Transportu Miejskiego w Gdańsku (ZTM Gdańsk), www.ztm.gda.pl
- **S-Bahn SKM:** www.skm.pkp.pl

Tickets

Tickets gelten für Busse und Straßenbahnen gleichermaßen. Man kann sie am **Kiosk** *(ruch)*, am **Automaten** oder, gegen einen kleinen Aufpreis, direkt **beim Fahrer** kaufen. Die Fahrkartenautomaten an den Haltestellen sind dank deutschprachigem Menü leicht zu handhaben. Hier die wichtigsten Ticketpreise:

- **Einzelfahrschein:** 3,20 Złoty
- **60-Minuten-Ticket:** 3,80 Złoty
- **Tageskarte:** 13 Złoty

Für alle Personen ab 70 Jahren sind Fahrten im öffentlichen Nahverkehr kostenfrei (Personalausweis mit sich führen).

Die kleine Mottlau-Fähre verbindet die Standorte des Zentralen Meeresmuseums (s. S. 67)

Wasserstraßenbahnen und Ausflugsschiffe

Von Mai bis September lässt sich Danzig auch vom Wasser aus erkunden. Dann verkehren **Wasserstraßenbahnen, Ausflugsschiffe und Fähren** über Mottlau, Tote Weichsel und die Danziger Bucht.

Die **Mottlau-Fähre** verkehrt tägl. alle 15 Min. zwischen Krantor und dem Zentralen Meeresmuseum auf dem Bleihof (Ołowianka) [E4], Preis: 1,50 Złoty bzw. im Eintrittspreis für das Zentrale Meeresmuseum inbegriffen (s. S. 67).

Die **Fährgesellschaft Żegluga** betreibt drei sogenannte Wasserstraßenbahnen und ein Ausflugsschiff in Danzig. Die Fähren verkehren im Mai, Juni und September jeweils an den Wochenenden und im Juli/August täglich.

- **Fährgesellschaft Żegluga,** Tel.: 583014926, www.zegluga.pl/de. Die Kassen befinden sich an der Uferpromenade der Mottlau in der Nähe des Grünen Tors 9.
- **F1: Danzig-Hela (Gdańsk-Hel):** Die Anlegestelle in Danzig befindet sich gegenüber dem Hilton Hotel (Schwanturm [E3]). Preis pro Richtung: 40 Złoty (erm. 30 Złoty).
- **F2: Zoppot-Hela (Sopot-Hel):** Die Anlegestelle in Zoppot befindet sich auf der Mole 46. Preis pro Richtung: 40 Złoty (erm. 30 Złoty).
- **F3: Danzig-Zoppot (Gdańsk-Sopot):** Preis pro Richtung: 40 Złoty (erm. 30 Złoty).
- **Ausflugsschiff (Danzig-Hafenbesichtigung-Westerplatte):** Die Linie wird von März bis November mehrmals täglich betrieben. Die Anlegestelle befindet sich am Grünen Tor 9. Erläuterungen zum Hafen und zur Werft 31 werden auf Polnisch und Deutsch gegeben. Preis für Hin- und Rückfahrt: 45 Złoty (erm. 30 Złoty).

059dz Abb.: mb

Zwei weitere **Wasserstraßenbahnen** werden von den Danziger Verkehrsbetrieben ZTM betrieben:

- **F5: Żabi Kruk-Westerplatte:** Mit dieser Fähre gelangt man u. a. zur Festung Weichselmünde 40 und zur Westerplatte 39, im Juli/Aug. auch zum Leuchtturm von Neufahrwasser und nach Brösen (Brzeźno).
- **F6: Targ Rybny-Narodowe Centrum Żeglarstwa:** Die F6 befährt die Tote Weichsel gen Osten, im Juli/Aug. bis zur Insel Sobieszewo.
- **ZTM,** www.ztm.gda.pl, zentrale Anlegestellen: Grünes Tor (Zielony Most) 9 oder Fischmarkt (Targ Rybny) [E3], Preis: 10 Złoty (erm. 5 Złoty), Fahrrad 5 Złoty (Tickets gibt es an Board)

Wer bei fröhlicher Musik, Bier und Schweinesteak (alternativ auch Dorsch oder Lachs) zu einem Törn in die Danziger Bucht aufbrechen möchte, muss ein **Piratenschiff** entern. Der hölzerne Schoner (zugegeben: mit Motorantrieb) der Freibeuter ist von Weitem bereits problemlos zu erkennen. Man zahlt für eine Fahrt 35 Złoty (erm. 25 Złoty) und darf für 40 Minuten mitfahren. Start- und Endpunkt ist die Mole in Zoppot 46.

› **Piratenschiff (Statek Pirat),** www.statekpirat.pl. Das Schiff treibt von Mai bis Sept. in der Danziger Bucht sein Unwesen.

Taxi

Taxis sind in Danzig erschwinglich und bieten gerade in den Abendstunden eine gute Alternative zum weniger beschwingt fließenden Nahverkehr. **Taxistände** gibt es am Hauptbahnhof (s. S. 108) und an vielen anderen zentralen Stellen der Stadt; man kann aber auch telefonisch einen Wagen bestellen.

Alle Taxis sind standardmäßig mit einem **Taxameter** ausgestattet. Der **Grundpreis pro Fahrt** liegt bei etwa 8 Złoty, dazu fallen am Tage 2,50 Złoty und nachts sowie am Wochenende rund 4 Złoty pro Kilometereinheit an. Bei längeren Strecken empfiehlt es sich, den Preis vor der Abfahrt zu erfragen.

› **Hallo Taxi,** Tel. 583015959
› **Neptun Taxi,** Tel. 585111555

Wetter und Reisezeit

Beliebteste Reisezeit für Danzig sind die **warmen Sommermonate** von Juni bis September. Dann zeigt sich nicht nur das Wetter von seiner besten Seite, auch der Danziger Veranstaltungskalender hat in dieser Zeit einiges zu bieten. Höhepunkt der Saison sind die ersten drei **Augustwochen**, wenn während des **Dominikanermarkts** (s. S. 95) dichtes Gedränge herrscht.

Ab Oktober kann es in Danzig wetterbedingt ungemütlich werden: Die Stadt liegt schließlich am Meer, weshalb stürmische Herbsttage und verregnete Wochenenden keine Ausnahmen bilden. Im Winter kann es durchaus frostig-kalt werden. Warm angezogen machen Spaziergänge am schneebedeckten Strand (s. S. 93) einen Danzig-Urlaub aber auch in der dunklen Jahreszeit zum Erlebnis. Spätestens **im April** hält der **Frühling** wieder Einzug in die Stadt.

Wetter in Danzig

Durchschnitt	Jan	Febr	März	Apr	Mai	Juni	Juli	Aug	Sept	Okt	Nov	Dez
Maximale Temperatur	0°	1°	6°	10°	17°	20°	21°	22°	17°	12°	6°	2°
Minimale Temperatur	–5°	–4°	–1°	2°	7°	11°	13°	13°	9°	6°	2°	–2°
Regentage	18	14	15	12	11	12	14	13	15	15	17	19
Wassertemperatur	3°	2°	3°	4°	8°	13°	16°	17°	15°	12°	8°	5°

112dz Abb.: ab

Kleine Sprachhilfe

Für einen vertiefenden Einstieg in die polnische Sprache sei der **Sprachführer „Polnisch – Wort für Wort"** aus der **Kauderwelsch-Reihe** von Reise Know-How empfohlen.

Ausspracheregeln

c	wie z
ę	nasal, wie das „i" im französischen „vin"
ą	nasal, wie das „a" im französischen „Grand Prix"
ch	wie „ch" in „Dach"
ć, ci	wie „tschi"
ś, si	wie „schi"
ń	wie „nj" in „Anja"
ó	wie „u"
ł	wie das englische „w" in „water"
cz	wie „tsch"
sz	wie „sch" in „Schach"
ź, ż, rz, zi	stimmhaftes „j", wie „j" in „Journal"
z	wie ein stimmhaftes „s" in „Sonne"
szcz	wie „schtsch"

Die wichtigsten Wörter und Floskeln

tak	ja
nie	nein
dobrze	gut
proszę	bitte
dziękuję	danke
Nie rozumiem po polsku.	Ich verstehe kein Polnisch.
Cześć!	Hallo!, Tschüss!
Dzień dobry!	Guten Tag!/ Guten Morgen!
Dobry wieczór!	Guten Abend!
Dobranoc!	Gute Nacht!
Do widzenia!	Auf Wiedersehen!
Przepraszam!	Entschuldigung!

Zahlen

jeden	1
dwa	2
trzy	3
cztery	4
pięć	5
sześć	6
siedem	7
osiem	8
dziewięć	9
dziesięć	10
jedenaście	11
dwanaście	12
trzynaście	13
czternaście	14
piętnaście	15
szesnaście	16
siedemnaście	17
osiemnaście	18
dziewiętnaście	19
dwadzieścia	20
trzydzieści	30
czterdzieści	40
pięćdziesiąt	50
sześćdziesiąt	60
siedemdziesiąt	70
osiemdziesiąt	80
dziewięćdziesiąt	90
sto	100
tysiąc	1000

Wochentage

poniedziałek	Montag
wtorek	Dienstag
środa	Mittwoch
czwartek	Donnerstag
piątek	Freitag
sobota	Samstag
niedziela	Sonntag

Zeitangaben

Która jest godzina?	Wie spät ist es?
dzisiaj	heute
wczoraj	gestern

+++ Die wichtigsten Wörter mit dem Bonus-Audiotrack des Kauderwelsch-

jutro	morgen
rano	der Morgen
południe	der Mittag
wieczór	der Abend
noc	die Nacht

Fragewörter

Czy …?	einleitendes Fragewort
Co?	Was?
Kto?	Wer?
Gdzie?	Wo?
Jak?	Wie?
Dlaczego?	Warum?
Kiedy?	Wann?
Ile?	Wie viel?
Dokąd?	Wohin?

Unterwegs

na lewo	nach links
na prawo	nach rechts
prosto	geradeaus
blisko	nah
daleko	weit
wejście	Eingang
wyjście	Ausgang
Przepraszam, gdzie jest …?	Entschuldigung, wo ist …?
bagaż	Gepäck
dom	Haus
miasto	Stadt
kościół	Kirche
wieża	Turm
targ	Markt
port	Hafen
lotnisko	Flughafen
dworzec	Bahnhof
most	Brücke
peron/tor	Bahnsteig/Gleis
pociąg	Zug
przystanek	Haltestelle
samochód	Auto
samolot	Flugzeug
skrzyżowanie	Kreuzung
toaleta	Toilette
paszport	Pass

Einkaufen

sklep	Geschäft/Laden
masło	Butter
chleb	Brot
bułka	Brötchen
mleko	Milch
ser	Käse
jajka	Eier
mięso	Fleisch
kiełbasa	Wurst
ryba	Fisch
warzywa	Gemüse
pomidor	Tomate
ogórek	Gurke
owoce	Obst
jabłko	Apfel
gruszka	Birne
banan	Banane
winogrono	Weintraube
Ile kosztuje …?	Wie viel kostet …?

Im Restaurant

stół	Tisch
śniadanie	Frühstück
obiad	Mittagessen
kolacja	Abendessen
zupy	Suppen
barszcz czerwony	Rote-Bete-Suppe
zupa pomidorowa	Tomatensuppe
żur/żurek	Sauerteigsuppe
dania mięsne	Fleischgerichte
kotlet schabowy	Schweinekotelett
kotlet mielony	Frikadelle
kurczak	Hähnchen
dania rybne	Fischgerichte
łosoś	Lachs
pstrąg	Forelle
dorsz	Dorsch
śledź	Hering
dania jarskie	vegetarische Gerichte
naleśniki	Pfannkuchen
pierogi	Teigtaschen
pyzy	Kartoffelknödel
dodatki	Beilagen

ziemniaki	Kartoffeln
makarony	Nudeln
ryż	Reis
frytki	Pommes frites
kasza	Buchweizengrütze
sałata zielona	Grüner Salat
cukier	Zucker
pieprz	Pfeffer
sól	Salz
ocet	Essig
olej	Öl
napoje	Getränke
herbata	Tee
kawa (z mlekiem/ ze śmietaną)	Kaffee (mit Milch/ mit Sahne)
piwo	Bier
sok pomarańczowy	Orangensaft
wino	Wein
woda mineralna (gazowana/ niegazowana)	Mineralwasser (mit/ohne Kohlensäure)

Unterkunft

pokój	Zimmer
klucz	Schlüssel
łazienka	Bad
prysznic	Dusche
Czy mają Państwo wolne pokoje?	Haben Sie freie Zimmer?
Ile kosztuje pokój z łazienką?	Wie viel kostet ein Zimmer mit Bad?

Notfall

Ratunku! Pomocy!	Hilfe!
lekarz	Arzt
apteka	Apotheke
lekarstwo	Medikament
pogotowie ratunkowe	Krankenwagen
policja	Polizei
szpital	Krankenhaus
wypadek	Unfall

Die Autoren

Martin Brand arbeitete fast zwei Jahre lang als Kulturmanager bei der deutschen Minderheit in Danzig. In seiner täglichen Arbeit entwickelte er ein Gespür für die faszinierende Ostseemetropole und lernte aus vielen Erzählungen das frühere deutsche Danzig kennen. Zurzeit promoviert Martin Brand an der Universität Bielefeld. Bei Reise Know-How sind von ihm außerdem CityTrip Krakau, CityTrip Riga und InselTrip Usedom erschienen. Mehr Infos: www.martin-brand.de.

Anna Brixa kam nach ihrem ersten Danzig-Trip mit einer kaum sortierbaren Flut an Eindrücken nach Hause. Mittlerweile kennt sie die Stadt inklusive ihrer Geschichte(n) und Zukunftsträume, Menschen, Mythen und Möwen so gut wie auswendig und entdeckt doch immer wieder Neues. Sie ist Reiseleiterin, Übersetzerin und promovierte Germanistin. Bei Reise Know-How ist von ihr außerdem InselTrip Usedom erschienen.

Schreiben Sie uns

Dieses Buch ist gespickt mit Adressen, Preisen, Tipps und Daten. Unsere Autoren recherchieren unentwegt und erstellen alle zwei Jahre eine komplette Aktualisierung, aber auf die Mithilfe von Reisenden können sie nicht verzichten. Darum: Teilen Sie uns bitte mit, was sich geändert hat oder was Sie neu entdeckt haben. Gut verwertbare Informationen belohnt der Verlag mit einem Sprachführer Ihrer Wahl aus der Reihe „Kauderwelsch".

Kommentare übermitteln Sie am einfachsten, indem Sie die Web-App zum Buch aufrufen (siehe Umschlag hinten) und die Kommentarfunktion bei den einzelnen auf der Karte angezeigten Örtlichkeiten oder den Link zu generellen Kommentaren nutzen. Wenn sich Ihre Informationen auf eine konkrete Stelle im Buch beziehen, würde die Seitenangabe uns die Arbeit sehr erleichtern. Unsere Kontaktdaten entnehmen Sie bitte dem Impressum.

Impressum

Martin Brand, Anna Brixa

CityTrip Danzig

3., neu bearbeitete und komplett aktualisierte Auflage 2017

ISBN 978-3-8317-3010-0
Printed in Germany

Druck und Bindung:
Media-Print, Paderborn

Herausgeber: Klaus Werner
Layout: amundo media GmbH (Umschlag, Inhalt), Peter Rump (Umschlag)
Lektorat: amundo media GmbH
Karten: Ingenieurbüro B. Spachmüller, amundo media GmbH
Anzeigenvertrieb: KV Kommunalverlag GmbH & Co. KG, Alte Landstraße 23, 85521 Ottobrunn, Tel. 089 928096-0, info@kommunal-verlag.de
Kontakt: Osnabrücker Str. 79, 33649 Bielefeld, info@reise-know-how.de

Alle Angaben in diesem Buch sind gewissenhaft geprüft. Preise, Öffnungszeiten usw. können sich jedoch schnell ändern. Für eventuelle Fehler übernehmen Verlag wie Autoren keine Haftung.

Bildnachweis

Umschlagvorderseite und Umschlagklappe rechts: Martin Brand
Soweit ihre Namen nicht vollständig am Bild vermerkt sind, stehen die Kürzel an den Abbildungen für die folgenden Fotografen, Firmen und Einrichtungen. Martin Brand: mb | Anna Brixa: ab | Klaus Werner: kw | Wojciech Gruszczynski (www.danzig-online.pl): wg | Fotolia.com: fo

Register

Liste der Karteneinträge

1 [C4] Hohes Tor (Brama Wyżynna) S. 14
2 [C4] Stockturm und Peinkammer (Wieża Więzienna i Katownia) S. 14
3 [C4] Langgasser Tor (Złota Brama) S. 16
4 [D5] Langgasse (Ulica Długa) S. 16
5 [C5] Uphagenhaus (Dom Uphagena) S. 18
6 [D5] Rechtstädtisches Rathaus (Ratusz Głównego Miasta) S. 18
7 [D5] Langer Markt (Długi Targ) S. 20
8 [D5] Artushof (Dwór Artusa) S. 21
9 [E5] Grünes Tor (Zielona Brama) S. 22
10 [E5] Speicherinsel (Wyspa Spichrzów) S. 22
11 [D5] Brotbänkengasse (Ulica Chlebnicka) S. 22
12 [E5] Frauengasse (Ulica Mariacka) S. 23
13 [E4] Krantor (Żuraw) S. 24
14 [E4] Zentrum für Maritime Kultur (Ośrodek Kultury Morskiej) S. 25
15 [E4] Museumsschiff „Sołdek“ (Statek-muzeum „Sołdek“) S. 26
16 [D4] Marienkirche (Kościół Mariacki) S. 27
17 [D4] Heilig-Geist-Gasse (Ulica św. Ducha) S. 28
18 [D4] Jopengasse (Ulica Piwna) S. 29
19 [C4] Großes Zeughaus (Wielka Zbrojownia) S. 29
20 [D4] Nikolaikirche (Kościół św. Mikołaja) S. 30
21 [D3] Markthalle (Hala Targowa) S. 30
22 [C5] Shakespeare-Theater (Teatr Szekspirowski) S. 31
23 [E2] Museum des Zweiten Weltkriegs (Muzeum II Wojny Światowej) S. 32
24 [E3] Museum der Polnischen Post (Muzeum Poczty Polskiej) S. 33
25 [D3] Brigittenkirche (Kościół św. Brygidy) S. 35
26 [D3] Katharinenkirche (Kościół św. Katarzyny) S. 36
27 [D3] Große Mühle (Wielki Młyn) S. 37
28 [C3] Altstädtisches Rathaus (Ratusz Starego Miasta) S. 38
29 [C1] Europäisches Zentrum der Solidarność – ECS (Europejskie Centrum Solidarności) S. 39
30 [C1] Denkmal für die gefallenen Werftarbeiter (Pomnik Poległych Stoczniowców) S. 41
31 [D1] Danziger Werft (Stocznia Gdańska) S. 43
32 [B2] Friedhof der nicht existierenden Friedhöfe (Cmentarz Nieistniejących Cmentarzy) S. 45
33 [B2] Hagelsberg (Góra Gradowa) S. 45
34 [C6] Nationalmuseum (Muzeum Narodowe) S. 46
35 [bh] Elternhaus von Günter Grass (Dom Güntera Grassa) S. 48
36 [ah] Neue Synagoge (Nowa Synagoga we Wrzeszczu) S. 49
37 [cg] Stadion Energa Gdańsk S. 51
38 [df] Leuchtturm von Neufahrwasser (Latarnia Morska w Nowym Porcie) S. 52
39 [df] Westerplatte S. 53
40 [eg] Festung Weichselmünde (Twierdza Wisłoujście) S. 54
41 [af] Plattenbau Falowiec S. 54
42 [S. 143] Schlosspark von Oliva (Park Oliwski) S. 55
43 [S. 143] Dom zu Oliva (Katedra w Oliwie) S. 56
44 [S. 58] Monte Cassino S. 58
45 [S. 58] Leuchtturm von Zoppot (Latarnia Morska w Sopocie) S. 59
46 [S. 58] Mole von Zoppot (Molo w Sopocie) S. 60
47 [S. 58] Grand Hotel S. 61

Hier nicht aufgeführte Nummern liegen außerhalb der abgebildeten Karten. Ihre Lage kann aber wie die von allen Ortsmarken im Buch mithilfe der Web-App angezeigt werden (s. S. 142).

Zeichenerklärung

12	Hauptsehenswürdigkeit
[E4]	Verweis auf Planquadrat
	Arzt, Apotheke, Krankenhaus, Klinik
	Bar, Klub, Treffpunkt
	Bibliothek
	Café, Eiscafé, Konditorei
	Denkmal
	Fischrestaurant
	Friedhof
	Galerie, Kunstzentrum
	Geschäft, Einkaufsgalerie, Markt
	Hafen
	Hotel, Unterkunft
	Imbiss, Bistro
	Informationsstelle
@	Internetcafé
	Jugendherberge, Hostel
	Kino
	Kirche
	Museum
	Musik (Konzert, Oper, Jazz)
	Parkplatz
	Pension, Bed & Breakfast
	Postamt
	Pub, Kneipe
	Restaurant
	Sonstiges
	Sporteinrichtung
	Theater, Zirkus
	Vegetarisches Restaurant
	Weinstube
	Stadtspaziergang (s. S. 12)
	Straßenbahn-Haltestelle
	Shoppingareale
	Gastro- und Nightlife-Areale

Danzig mit PC, Smartphone & Co.

QR-Code auf dem Umschlag scannen oder **www.reise-know-how.de/citytrip/danzig17** eingeben und die **kostenlose Web-App** aufrufen (Internetverbindung zur Nutzung nötig)!

★**Anzeige der Lage und Satellitenansicht aller** beschriebenen Sehenswürdigkeiten und weiteren Orte
★**Routenführung** vom aktuellen Standort zum gewünschten Ziel
★**Exakter Verlauf** des empfohlenen Stadtspaziergangs
★**Audiotrainer** der wichtigsten Wörter und Redewendungen
★**Updates** nach Redaktionsschluss

GPS-Daten zum Download

Auf der Produktseite dieses Titels unter www.reise-know-how.de stehen die GPS-Daten aller Ortsmarken als KML-Dateien zum Download zur Verfügung.

Stadtplan für mobile Geräte

Um den Stadtplan auf Smartphones und Tablets nutzen zu können, empfehlen wir die App „Avenza Maps" der Firma Avenza™. Der Stadtplan wird aus der App heraus geladen und kann dann mit vielen Zusatzfunktionen genutzt werden.

Die Web-App und der Zugriff auf diese über QR-Codes sind eine freiwillige, kostenlose Zusatzleistung des Verlages. Der Verlag behält sich vor, die Bereitstellung des Angebotes und die Möglichkeit der Nutzung zeitlich und inhaltlich zu beschränken. Der Verlag übernimmt keine Garantie für das Funktionieren der Seiten und keine Haftung für Schäden, die aus dem Gebrauch der Seiten resultieren. Es besteht ferner kein Anspruch auf eine unbefristete Bereitstellung der Seiten.

Der hier abgebildete Kartenausschnitt entstammt der **Landkarte „Polen Nord“** (world mapping project™) im Maßstab 1 : 350.000.

Tram

SCHEMAT SIECI DZIENNEJ KOMUNIKACJI TRAMWAJ

TRAM NETWORK / STRASSENBAHNNETZ

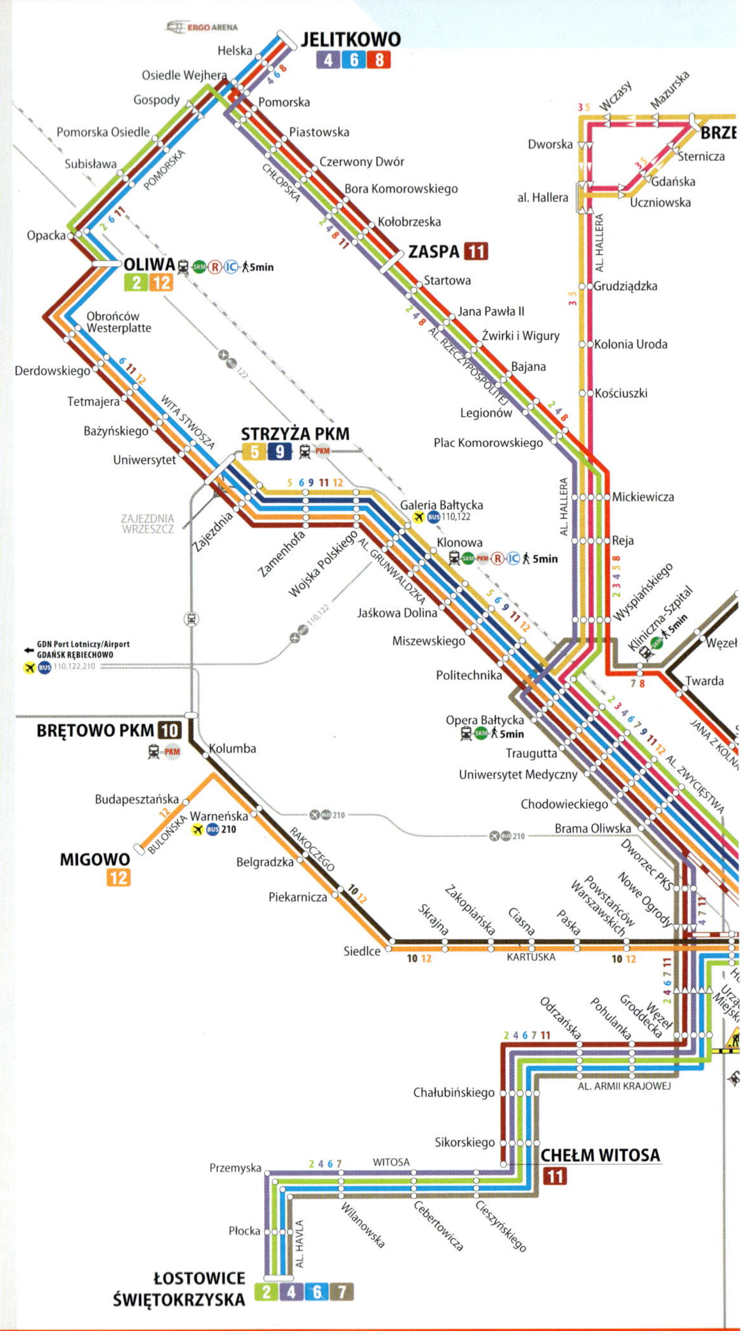